U0701856

法兰西知识与道德改革

[法] 欧内斯特·勒南　著

黄可以　译

Ernest Renan

La réforme intellectuelle et morale
de la France

海天出版社（中国·深圳）

图书在版编目（CIP）数据

法兰西知识与道德改革 ／（法）欧内斯特·勒南著；
黄可以译. —— 深圳：海天出版社，2018.1
（大家小译丛）
ISBN 978-7-5507-2227-9

Ⅰ．①法… Ⅱ．①欧… ②黄… Ⅲ．①政治制度-研
究-法国 Ⅳ．①D756.521

中国版本图书馆CIP数据核字(2017)第303523号

La Réforme intellectuelle et morale de la France
Ernest Renan
根据 Le Monde en 10-18, Union Générale d'Éditions, Paris, 1967 译出

法兰西知识与道德改革
FALANXI ZHISHI YU DAODE GAIGE

出 品 人　聂雄前
责 任 编 辑　林凌珠　岑诗楠
责 任 校 对　万妮霞
责 任 技 编　蔡梅琴
封 面 设 计　蒙丹广告

出版发行　海天出版社
地　　址　深圳市彩田南路海天综合大厦　　（518033）
网　　址　www.htph.com.cn
订购电话　0755-83460239（邮购）　　83460397（批发）
设计制作　深圳市龙瀚文化传播有限公司　0755-33133493
印　　刷　深圳市华信图文印务有限公司
开　　本　889mm×1194mm　1/32
印　　张　6.75
字　　数　120千
版　　次　2018年1月第1版
印　　次　2018年1月第1次
定　　价　35.00元

现代法国的起源

（代序）

让－弗朗索瓦·何维勒

　　和戴高乐将军一样，欧内斯特·勒南的理论不是针对所有国家的，而是关于法国的理论，关于法兰西制度的理论。他和戴高乐一样，只关心他认为的法国现实，对法国以外的政治体制毫不关心，这与18世纪的政论作者相比，是一种大倒退。他还主动从世界的、全球的和历史的角度来进行解释，但这种世界性仅仅是表面上的，因为他谈到世界时，实际上只是在考虑法国在世界上的位置。根据勒南的理论，每个民族都要扮演一个角色，就像斯多葛主义哲学认为每个人都要扮演一个角色一样。扮演什么角色是由命运决定的。扮演得好坏，取决于扮演这个角色的国家，但扮演哪个角色却不由这个国家说了算。法国的角色曾最受人追捧——"法国是大地上的盐"。它陷入了巨大的衰败，刚刚得以摆脱。"我们不是平庸之人。辱没荣誉的人，违背天职的人，不能不计后果地任意行事。犯下同样的错误，常人可以得到原谅，但我们不行。因为常人既没有辉煌的过去要续写，也没有伟大的使命要完成。"勒南早已将法国人的平庸与法国的伟大相比，而且，我们还感觉到他对美国式民主的极端厌恶。他在《法兰西知识与道德改革》（以及其他著作）中，多次将美国式的民主作为平庸的代表。因为他认为，在美国，民族无非是组成该民族的全体公民之个体利益的叠加。而"法国的使命"既体现在军事方面，也体现在知识方面。诚然，勒南选择了法国历史上的一些现象来描述这一使命，认为一个拥有优秀大学和强大军队的君主制的法国，更适合菲利普二世统治下的西班牙，而不适合任何一个时期的法国。这个观点真令人吃惊。

这本书中的某些观点和戴高乐将军的观点相类似，这并非偶然。这本书的完整书名叫做《法兰西知识与道德改革》（以下简称《改革》），"法兰西"这三个字非常重要，因为我们所说的改革，无论对勒南来说还是对戴高乐来说，都只适用于法国（这一点我必须强调）。该书是被夏尔·莫拉[1]奉为经典的权威著作之一。勒南作为一名学者，用科学史来与宗教教义做斗争，并且推动这一观点的发展，因此被教权主义的、反共和国的、军国主义的、沉溺于世俗共和国的整个法国所厌恶和唾弃。而事实上，勒南是保皇派，为了人民而支持宗教。他只要求一种相对的自由，科学和高等教育的

---

[1] 夏尔·莫拉（1868—1952），法国作家，法兰西学术院院士，"法兰西行动"的领导人，德雷福斯事件后成为保皇党人。1899年发起组织"法兰西行动"，1908年发行《法兰西行动》报，鼓吹反犹，宣扬种族主义，反对共和国和议会制度，主张恢复君主制。1944年9月法国解放后被捕，被判终身监禁。著有《哲学家之路》《野蛮与诗歌》和《内心平衡》等。（**本书注释除有特别标注外均为译注**）

自由，他不相信公共基础教育会有什么用。
但是，接受良好教育的右派非常清楚，真正
的勒南，并不是我们的小市镇中被激进的官
员命名为"欧内斯特·勒南街"中的那个勒
南——这些市镇官员试图激怒崇尚宗教、从
事农业的法国人。莫拉清楚且常常提醒道，对
于勒南来说，法国人处决路易十六无异于自
杀。建立在普选基础上的平等的资本主义社
会，"美国式"的平等主义的民主只能导致
"平庸"和"物质主义"，一切都朝钱看，眼
里只有经济利益。民主，是均等化的平庸，是
一大群可以被取代的小业主的愿望，他们既不
想斗争也不想思考。但这并不是法国的命运。
在大概同一时期，尼采也表达了类似的想法。
尼采没那么高傲，但攻击性更强。即使普鲁
士赢得了战争的胜利，他仍将"德国小资产
阶级"作为批评对象。人们往往将法国在道
德和情感上的危机归结于战争的失利，这一
危机让勒南成了反共和国的人，也启发了他
写这本书的灵感。他想把它作为一种疗法，
来清除1789年大革命在国家肌体上留下的痕
迹，同时，这也是反雅各宾派的一次情感宣

泄。战争的失败可能对丹纳①也产生了这种影响，但影响的程度不会超过普鲁士的胜利对尼采的影响，尼采对本国的议会制度和普选采取了支持态度。法国的失败不是勒南政治思想的唯一来源，最多不过是让他更清晰地表达自己的观点罢了。勒南借此将统治者的无能所导致的失败归咎于整个国家，他从这些事件中得出的结论，其实已经先于那些事件而存在。因为，自1869年起，勒南就在《两个世界杂志》中发表了名为《法国君主立宪制》的长文，表达了类似的思想。我并不认为解放后不久戴高乐将军在巴约演讲中所阐述的、在1958年宪法（后来真的就成了永远违宪了）中明确的宪法理论，仅源于1940年失败所带来的教训。也许相反，战时被迫与盎格鲁-撒克逊民主派政治人士的接触，缓和了他原先非常激进的右派观点，不

① 伊波利特·阿道尔夫·丹纳（1828—1893），法国著名的文艺理论家和史学家，历史文化学派的奠基者和领袖人物，被称为"批评家心目中的拿破仑"，他的艺术哲学对19世纪的文艺研究产生了深远的影响。

过，在他愤怒和欣喜的情况下，这种观点又会时不时地重新抬头。对于右派来说，共和国是一种病，在他们看来，1918年的胜利并不能赎回它的罪，他们等不到1940年的失败就想打倒它。那场失败只是多了一个消灭它的机会，找到了使用保留已久的办法来治理国家的借口。

为了给右派一个能够接受的理论，这位理论家应该是一个自由主义出身的思想家，而不是一个与生俱来的反动分子。显然，勒南为反共和主义提供了一部表面上合乎情理的作品。这样的作品，迈斯特①这样预言世界末日的狂热分子和波纳德②这样的冷血动物都写不出来。他致力于倡导一种高尚的专制主义，一个透明、高贵的专制政体，思想正统却又不缺乏思辨能力。人们不禁认为，戴高乐和所有与他同时代的有教养的保守派

---

① 约瑟夫·德·迈斯特伯爵（1753—1821），法国哲学家、作家、律师及外交官，法国大革命之后，他挺身为阶级社会与君主制辩护。

② 波纳德（1754—1840），法国反对革命的哲学家和政治家。

们都认真思考了勒南的《改革》一书，且不仅仅思考其内容，也思考了其形式与风格。他怎么可能没有读到诸如法国应该"在自己的失败中找到革新时代的起点"，"它不能自我放弃，也不能无视使命"或"关键不在于大众的某个特殊意愿是否得到实现，而在于民族胜利的普遍原因"之类的语句？勒南也认为，国家首脑应当"处在国家之外"，但又不能当"中间人"（正如戴高乐后来所说的那样），"这种平庸而又妒忌心强的政治家，"勒南说，"自然得不到人们的尊重，因为大家都知道他们用怎样的伎俩骗取了选票"；但也不要成为"在论战中哇哇大叫的人或是冒失的记者"，这些人会以为自己的胡言乱语是"在表达观点"。然而，勒南说，这一观点，对于国家治理来说，应当充分调动，但不要过度发散，因为"仅凭政治主张为支撑点，来改革某种不容转变的主张所带来的错误，势必会造成恶性循环"。但勒南至少能够自圆其说，并且主张复兴世袭君主制。然而近一个世纪后的戴高乐，却无法摆脱普选，创造了一个让人好奇的精英国王，让他发表主张，却又一概不听；寻求其赞成，却又不照办，也不告诉他自己的意图；依附于选举团，又远离它，在国家层面上放大了钻牛角尖的议员创造的著名的"不参与的支持"。勒南在《法国君主立宪制》中抨击"只把政府作为人们买单的公共服务机构的想法，这是一种美国式的鲁莽行为，一种将政治简化为大部分人的民意咨询机构的倾向"。

　　总地来说，在当代法兰西诞生时出现的，是对一种"标准的"（normative）政治思想的坚持和革新，这种思想可以追溯到柏拉图时期。使这种思想显得不合理的，是将它嫁接到民族主义之上，嫁接到这个或那个国家拥有特殊"使命"的观点之上。至少，柏拉图将自己的标准建立在他认为理想的模型之上，他所谈的城邦是空泛的。但在法国的右派中，我们不停地听到有人在绝非"永恒的"事件中提到"永恒的"原则。这些标准化政治的"永恒"原则建立在价值评判之上，与建立在事实评判基础之上的积极的政策背道而驰。这在逻辑层面上是一种同义反复，但在历史层面上则是一种十分令人厌烦的事实。比如，大部分的法国人都认为，路易十四和拿破仑一世的统治是自己国家的历史中两个伟大的时期。然而，20世纪前，正是这两次统治让法国精疲力竭、血流成河、逐渐衰弱，在战场上被打败，在外交上受排挤。但这并不重要，与共和派不同的是，国王和皇帝们拥有失败的权利，因为他们的失败是为了实现被他们视作国家"使命"的理想。但由谁来定义这一"使命"，又凭怎样的权利来定义？这些问题的答案模棱两可。戴高乐借助"深刻的合理性"，集立法权、行政权和司法权为一体（这样的集权显然远远超出了普选在选举共和国总统时赋予他的行政权力）；至于勒南，他只看到了一个问题，即王朝合理性的回归。两人都把军事价值看作是所有价值的共同主宰或动力。"剑是世界的中轴"，戴高乐这样写道。在勒南看来，人们将会看到，热爱和平是一种卑贱的表现。和平主义来自工人和农民对物质的渴望，法国人只有在成为战士时才能成为自己。这些话出自一个知识分子之口，让人十分震惊，因为这类人通常都将战争视为可悲的命运（战争非打不可），而非提升道德水平的方式。但人们忘了，知识生活和军事生活暗中是有关联的，是符合3000多年的传统的。在政治的领导和宗教的关注下，它们属于只有游手好闲的人才能参加的活动，其他阶层是无权介入的。

没有了旧制的贵族，法国就成了"既没有思想特权，也没有武力特权的平民"，这种思想和刀剑的对比富有深意。贵族一旦消失，就只剩下"平庸的模糊背景"（"平庸"一词在《改革》一书中经常出现，而平庸咄咄逼人的幽灵也纠缠着戴高乐）。"贵族社会并非一心想着享受和致富"，这是一个十分惊人的消息，我们以后会知道的。无论如何，对勒南来说也同样，法国还是很"慷慨"的（见《改革》），"我们国家的命运绝非平庸"（这是戴高乐的另一个关键词）。在勒南所要求的事物之中，只有一件与大革命前完全不同，那就是知识分子，或者说知识分子精英，在科研方面需要完全的自由，不受宗教和政治的束缚。"不要插手我们所教和所写的东西，我们也不会和你们争夺民众；不要觊觎我们在学院和大学的位置，我们也不和你们争夺乡村学校。"这些话足以表明第五共和国法国知识分子并未完全实现的野心。

了解了对法国政体价值和法兰西所谓的使命的价值评判后（这些判断对戴高乐有着直接或间接的巨大影响），再在《改革》中读到相当多关于当今法国的准确预判时，应该就不会那么惊讶了。"君主制对于法国来说那么显而易见，"勒南写道，"以至于任何一个为自己的国家带来辉煌胜利的将军都有可能推翻共和制。"他还断言，在法国，共和国代表着少数派，虽然是人数众多的少数派。这些少数派勉强而短暂地成为多数派时，也无力执政，因为其内部还划分为社会主义阵营和自由资本主义阵营。"从此，"他总结道，"在法国，一种怪异的怀疑上升到了极致，困扰了我们大家的生活，使其变得十分可悲：一方面，似乎很难以任意形式维系旧政权的机制；另一方面，欧洲人民完全不想被带向美国系统。未来完全有可能出现一系列不稳定的独裁和陷入低潮的专制政治。"另外，作为一个杰出的预言者，他还观察到，法国共和党人掌权时，几乎都会采取保守政策。

　　总地来说，让勒南产生灵感的，是我们这种固有的平庸，它与法国人民就是"大地上的盐"这一断言难以调和。戴高乐遇到的情况一样。但实际上，很多人都想说，法国的知识分子和政治精英才是"大地上的盐"，而非法国大众。"我们的社会像广大的斯基泰王国①，法庭、城市、大学代表着各个希腊移民团体。"这一观点解释了戴高乐派为什么采取保守的内政和进攻性的外交，至少他是这样说的。一直以来，法国擅长向他人鼓吹极左主义，自己却慎用极左主

────────────

① 斯基泰王朝（约前7世纪—约前3世纪），西徐亚王国的奴隶制王朝，因为统治者为斯基泰人而得名（西徐亚人，又译西古提人、斯基泰人或赛西亚人，中国史书普遍称之为塞族或萨迦人）。

义，那套鼓吹人民权利的哲学，它自己并不迷信，因为它觉得自己的警察是万能的，司法几乎不受行政影响，且当今法国甚至没能加入国际人权公约，尽管为了加入公约，法国还特意废除了刑法中的一些重要条款（不过，警察当局甚至没有认真遵守这些刑法典）。戴高乐派另一典型的双重性，与勒南的思想完全一致，即将高尚文化和大众文化对立起来。前者应该完全自由，后者应该遵守政治和宗教的必要规定，如我们现在所看到的一样：一方面，人们在法兰西剧院为有教养的巴黎观众上演热内①的《屏风》；另一方面却禁演《修女》②，以免乡村的民众受到污染。一方面，"文艺之家"最后只聚集了一批传统的大众，即大学生和名流；另一方面，严格控制电视节目，就像斯丹达尔时代教皇对书的控制。涉及高端文化的改革，勒南的

---

① 让·热内（1910—1986），法国作家。他的生平颇为传奇，幼时被父母遗弃，后沦落为小偷，青少年时期几乎全是在流浪、行窃、监狱中度过的，在监狱中创作了小说《鲜花圣母》《玫瑰奇迹》。

② 18世纪法国作家狄德罗的道德小说。

观点并非不合时宜。如今，他关于大学改革避免任人唯亲和裙带关系的论述不仅仍旧恰当，而且很大胆，甚至具有煽动性。

　　勒南是一名自由的反动者，介于孟德斯鸠和戴高乐之间。孟德斯鸠用法律代替个人权利，而且拒绝将军事问题作为衡量国家价值的标准（对他来说，这不是一种光荣，而是统治者应当为人民提供的财产）。勒南重新把军事力量作为衡量标准，在必要的时候甚至不惜牺牲生活质量，这就在走向现代化的同时加强了戴高乐主义的打击力量，但他没有在宪法和法令的遵守上让步。在今天的法国，这一点不再被视作政治现代化的标准。不过，因为对普选的不信任，勒南或许低估了民意的重要性。这是19世纪的一大经典错误：人们动不动就怀疑普选，所以都精于操纵舆论。20世纪告诉我们，个人权利的敌人不是普选，而是关于普选的信息。

目 录

第一部分

病

有些人，千方百计想在历史中找到严格执法的例子，这无疑给了自己一个十分艰难的任务。如果说，很多时候，我们会看到在国内犯罪后马上就受到了惩罚，但在世界上，很多例子却告诉我们，别人的判决并没有这么严厉。许多国家十分软弱，被人腐蚀而不反抗。这种情况在法国是不允许的，而这正是法兰西伟大的标志之一。为民主政治烦恼，因繁荣而道德沦丧，法国为这些年的迷失付出了沉重的代价。原因是，法国本身很重要，历史很辉煌。有一种正义，让它不能自我放弃，不能无视自己的使命。显然，上天爱它才会惩罚它。扮演重要角色的国家，没有权利自贬为只讲物质的资产阶级，一心想着安逸享乐和获得财富。我们不是平庸之人。辱没荣誉的人，违背天职的人，不能不计后果地任意行事。犯下同样的错误，常人可以得到原谅，但我们不行。因为常人既没有辉煌的过去要续写，也没有伟大的使命要完成。

要看到法国的道德状况遭受到多么严重的伤害，需要一定的思维洞察力以及一定的政治和历史思维能力。要看到如今的错，只需睁开眼睛！我们幻想的大厦如梦中的童话城堡，一下就崩塌了。推测、幼稚的虚荣心、不守纪律、不严肃、缺乏实践、不正直、头脑简单、不能多线思考、缺乏科学思维、天真、粗鲁的无知，这就是一年来我们历史的缩影。这个军队，如此自命不凡，却从来没有遇到过好运；这些政客，对自己的政绩如此确信，却互相指责对方幼稚；这个政府，自以为是，却被视为无所作为；这种公共教育，拒绝一切进步，却任由法兰西思想沉溺于无能；这些天主教士，大声宣称新教国家低劣，却对自己参与的破坏呆呆地袖手观望。这一王朝的根似乎在国家内部扎得非常深，在9月4日却没有一个捍卫者。这一反对党，声称自己的改革方针能治百病，却在几天之后就和破灭的王朝一样变得不得人心。这个共和派，在半个世纪的革命史中，犯下了无数致命的错误，却以为自己还能重复80年前在形势与今天完全不同的情况下取胜的战役，它只不过是一个产生错觉的人，把梦想当成现实。一切都像世界末日那样崩溃，这传奇的国家看着自己受伤致死。帝国的传奇被拿破仑三世摧毁；1792年的传奇遭受莱昂·甘必大①的致命一击；雅各宾专政的传奇（因为雅各宾专政本身在我们看来有传奇成分）在巴黎公社期间被滑稽地模仿；路易十四的传奇与勃兰登堡选民的后代在凡尔赛节日大厅里扶持查理曼大帝的帝国的传奇完全不可同日而语。只有博须埃成了一个预言者，他说："现在，国王，要懂得去学习！"②

如今（改革任务更为艰巨），人民必须学习。我们试图通过尽可能准确的

---

① 莱昂·甘必大（1838—1882），法国第二帝国末期和第三共和国初期著名共和派政治家，曾担任过国防政府成员、内阁总理和外交部部长（1881—1882）。他激烈反对第二帝国，在普法战争第二阶段，他是抗击普鲁士的组织者。他为粉碎旧王朝复辟阴谋、建立和巩固第三共和国做出了重要贡献。
② 原文为拉丁语：Et nunc, reges, intelligite!

分析，了解法国的病根，努力找到合适
的良药。病人的力量很强大，资源很丰
富，想治好病的愿望也是真实的。不该
犯错的是医生，因为不当的措施，不适
的药方，会引起病人的反感，加重他的
病症，甚至使他死亡。

一

法国的历史是一个整体，各部分紧
密相连，因此，想要了解当代的任何错
误，都必须从过去找原因。两年前①，
我们讲过从中世纪封建制度走出来的国
家的发展规律，其中，英国最为典型，
因为英国没有和它的君主制、贵族、伯
爵、市镇、教堂、大学决裂，而是找到
了办法，成了一个最自由、最繁荣也最

① 见关于君主立宪制的著作。——原注

团结的国家。12世纪以来的法国社会则完全是另一回事了。当卡佩王朝到了最强大的时期，它便无限夸大自己的原则，消灭了外省生活和民族特色。腓力四世[1]时期，错误就已经显而易见。造就议会生活和乡村小贵族的因素失去了重要性：国王召集全国三级会议[2]，只是让他们恳求他做他已经决定的事情。他只任用亲信、有血缘关系的亲王以及受封爵位的法律人士或贵族行政人员作为政府的工具，他们是绝对权力的殷勤随从。17世纪，这一状态下的法国因其无与伦比的伟大而得到特赦。但是很快，反差激起了不满：欧洲最重视精神生活

---

[1] 腓力四世（1268—1314），法国卡佩王朝著名的国王之一，在位时打击贵族，维护法兰西的利益。连续有两位罗马教皇在他手下不明不白地送了命。
[2] 在法国旧制度中，三级会议指法国全国人民的代表应国王的召集而举行的会议。

的国家居然只通过笨拙的政治机器来实现自己的主张。杜尔哥[①]视议会为一切利好的主要障碍，不指望从议会那里得到任何帮助。这个如此可敬又无私的人是否弄错了呢？不。他是正确的，他的观点说明当时的病症没有解药。这时，还发生了一次重大的民众道德败坏事件。培养了人民的新教遭到驱逐，而天主教也没有对人民进行教育。对下层阶级的无视是可怕的。弗勒里神甫黎塞留[②]明确制定了一个原则：人民既不该学会阅读，也不该学会书写。与这一愚昧共

———————

① 安·罗伯特·雅克·杜尔哥（1727—1781），法国18世纪中后期资产阶级古典经济学家，重农学派的重要代表人物之一，曾任海军大臣和财政总监。

② 阿尔芒·让·迪普莱西·德·黎塞留（1585—1642），法王路易十三的宰相及天主教枢机，波旁王朝第一任黎塞留公爵，出色的政治家、外交家，与德国"铁血宰相"俾斯麦齐名。他是法国专制制度的奠基人，也是将法国改造成现代国家的伟大改革家。

存的是一个迷人的社会，充满思想、光明和仁慈。我们从未如此清晰地看到法国内在的能力，看到它能做什么和不能做什么。法国能够织出让人叹为观止的花边，却做不出一块抹布。那些低贱的活计，例如乡村教师，总是很少有人去做。法国长于精致，却在日常事务中能力平平。在民主方面，它表现得多么任性啊！同样这种任性，让依赖宫廷和奢侈生活的巴黎成了一座社会主义城市，让整日揶揄一切信仰和道德的巴黎，对自己空想出来的共和国如此执拗、狂热和感兴趣。共和国的开始的确令人尊敬，而且，如果人们满足于召集三级会议，保证其合法化，让它每年召开，那么一切都可以完美地真实存在。但是，卢梭的政治错误占了上风。他们首先想有一部宪法，但没有注意到，连英国这个法治国家都从未有过认真草拟的成文宪法。他们任凭自己被人民包围，幼稚地为攻占巴士底的混乱鼓掌，而不想想，这一混乱稍后就会吞噬一切。米拉波①这个伟大的，也是当时唯一伟大的政治家就是以冒失起家的。那些鲁莽行为本来很可能会毁了他。因为，对一名政客而言，以反抗者的身份登场总比恭维无政府主义好。波尔多律师们的轻率、夸夸其谈和轻浮的道德最终摧毁了一切。人们设想，已经代表了国王的国家可以不要国王了，对于公共事务的抽象想法足以维系一个国家，哪怕这个国家的公民道德严重匮乏。

法国斩首国王之日，就是其自杀之

---

① 米拉波（1749—1791），法国政治家，曾任法国国民议会议长。他放纵奢侈，早年多次被监禁，后靠写攻击法国旧制度的小册子谋生。1777年他被荷兰移交给法国，监禁到1780年。

时。法国不能跟那些往往由一个城市及其郊区组成的古老小国家相比，在那些小国家里，大家都是亲戚。法国是一个巨大的股份社会，由一级投机者卡佩家族建立。股东们以为可以没有首领，他们能独自继续自己的生意。如果生意好，那就没有问题。但如果生意不好，那就得要求财产清算了。假设古老的高卢想统一全国，那卡佩王朝就建立法国了，但罗马人的统治和日耳曼人的征服摧毁了这一梦想。墨洛温王朝和加洛林王朝统治下的法兰克帝国是一个人为结构，能不能统一要看征服者的力量。《凡尔登条约》打破了这种统一性，将法兰克帝国自北向南分为三块，其中之一为查理斯或加洛林的地盘，它和我们现在叫做法国的地方几乎没有关系。整个佛兰德地区和卡塔卢尼亚是旧法国的一部分，东边的国境线是上索恩省和塞文山脉。卡佩的政策让这可怜兮兮的疆域变得丰富了。它在800年内，把法国变成了我们今天看到的法国，创造了我们赖以生存的一切，创造了把我们连结在一起的东西，创造了我们存在的理由。法国就这样成了卡佩政治的结果，并有着令人钦佩的后续。为什么朗格多克的语言、民族、历史、个性都与法国不同，却并入了法国北部？因为在整个13世纪期间，巴黎的国王们在那些地区进行了顽强而颇有成效的活动。为什么里昂会成为法国的一部分？因为腓力四世借助法律学家的精明，成功地将它放入了渔网。为什么多菲内人成了我们的同胞？因为翁贝托王太子陷入了某种疯狂，法国国王在最后时刻用真金白银购买了他的土地。为什么普罗旺斯在大家都意想不到的情况下被卷入卡洛林旋涡？那完全是路易十一和其同伙帕拉墨德斯·德福尔班的计谋。为什么即使违背《凡尔登条约》划定的子午线，弗朗什–孔泰、阿尔萨斯和洛林仍并入了卡洛林王朝？因为波旁家族为了扩大皇家领地，找到了卡佩家族开国元老用过的秘密武器。最后，为什么巴黎这个在地理上并不居于中心的城市成了法国的首都？因为巴黎是卡佩家族的城市，因为圣德尼修道院院长成了法国国王[①]。无与伦比的天真！这座城市对法国其他城市宣称，自己拥有优越的贵族特权，并

[①]　"夏尔，圣德尼的国王……"，见《奥雷亚加之书，第40节》。

于格大公的财富来自圣德尼、圣日耳曼德普雷和图尔的圣马丁大修道院，这些修道院让他成了富有而繁荣的国家的监护人。卡佩国王的旗帜就是圣德尼的旗帜，向国王表忠心的口号是"圣德尼石堆"，最早的卡佩家族成员是圣德尼唱诗班的成员。——原注

将这一特权归功于王权，与此同时，它
又是乌托邦共和国的中心。巴黎怎么会
不知道，巴黎之所以为巴黎，是因为王
权。巴黎只有通过君主制才能重新找回
作为首都的重要性。而如果是共和国，
那就要根据美国著名的缔造者提出的法
则，为中央政府在昂布瓦斯或布卢瓦建
一个小华盛顿。

　　这是上世纪末掌握法国命运的那些
无知和狭隘的人所不懂的。他们想象我
们可以没有国王，但他们不知道，一旦
没有国王，以国王为穹顶中心的结构就
要崩塌。18世纪的共和国理论之所以
在美国能够成功，是因为美国是由追寻
自由的移民们自愿合作建立起来的殖民
地。同样的理论在法国不能成功，因为
法国是完全按照另一种原则建立的。一
个新的王朝差点就要从让法国发生动

荡的可怕的大骚乱中出现。但我们可以看到，现代国家想要自行建立其他王族有多难，除非是摆脱日耳曼人征服的王族。树立了拿破仑威望的杰出精灵在催促，古老的王朝又回来了，看起来是想体验一下君主立宪制，它曾在可怜的路易十六的手中悲惨地失败了。

不可避免，在法国这段伟大而又悲剧的历史中，国王和国家在冒失这一点上有得一比。这一次，王权的错误更严重。1830年7月的法令完全可以被定义为政治犯罪，通过明显的诡辩才能从《宪章》第十四条中得出这些法令。在路易十八看来，第十四条完全没有查理十世的内阁大臣们告诉他的意思。制定者在《宪章》中设了一个能颠覆整个经济的条款，这点完全不能接受。实施"**表达**

清楚的人有说话优先权"①这一基本原则时就是这样。如果在波利尼亚克亲王②之前，就有人想到这一条款赋予了国王取消宪法的权力，那它会永远遭到反对。然而，没有人反对，因为从来没有人想到这一毫无价值的条款包含了可能导致政变的潜在权力。将这一条款纳入宪法的不是王权，王权后来设法逃避自己的义务。这一条款是1814年议会制订的宪法草案的一部分，他们非常谨慎，不给国王太大的权力。大家根本就没有注意："我们只看到来自旧宪法的陈词滥调，没人怀疑有人想在里面加入可怕而神秘的东西。"③

––––––––––

① 原文为拉丁文：Contra eum qui dicerepotuit clarius prœsumptio est facienda.
② 波利尼亚克亲王（1780—1847），法国政治家。
③ 维埃尔·卡斯特尔，《复兴历史》，第一卷，第429页。

所以，1830年的议员们有理由反对这些法令，听到他们号召的公民们也武装了起来。情况和英国国王遇到的一样，他再次跟自己的议会进行了斗争。但战败的国王一收回法令，斗争可能就停止了，国王继续待在宫殿里。而他应该让出王位，让继位者上台。但人们没有这么做。人们急着说，18年来，一段充满智慧的统治，从许多角度证明了1830年8月10日的选择是正确的，说明它跟英国1688年革命前的一些措施一样是可行的。但是，为了让这种如此急迫的替换有合法性，它必须持续下去。由于国家做出了一系列不可饶恕的轻率举动，新王朝又软弱得令人遗憾，所以没有得到认可。国王和他的儿子们没有通过武器保住自己的权力，而是退步躲藏，任凭巴黎的骚乱肆意侵害国家意志。由此造成的致命伤口有一个身世古老的名号，这样的名号只有通过坚持才能获得。一个归功于国家的王朝，应该一直依附于国家，与不安分的少数派抗争。只要在战斗之后，胜者表现得宽宏大量一些，把反抗者当作战败者而不是犯人来对待，就不会显得没人性。

2月24日的不幸事件突如其来时，我们大部分人都在参与公众生活。凭借一种完全正确的本能，我们感觉到那天将发生一件非常不幸的事。被哲学理论赋予自由的我们，目睹自己如此天真快乐地栽种的自由之树即将枯萎。我们明白，那些被大胆地提出来的社会问题注定要在未来世界起重要作用。6月的血腥洗礼以及随之而来的反应都让我们揪心。很明显，法国的灵魂和思想正走向一种巨大的灾难。1848年，人们的轻率

的确史无前例。虽然并无必要，但他们
仍坚持要在法国举行普选，却从没想过
普选只有利于500万毫无自由概念的农
民。这一时期，我经常见到卡辛先生[①]，
这位熟悉法国光荣历史的行家，与我一
起在巴黎左岸的街道中长时间漫步，告
诉我17世纪每个家族和家族财产的历
史。他常对我说："朋友，人们还没弄
明白二月革命犯下了怎样的罪行。这一
革命的最终后果可能是法国的瓦解。"

12月2日的政变大大地伤害了我们。
10年来，我们都在为正义服丧。我们量
力而行，反抗福图尔先生[②]巧妙推行、
他的继承者们继续贯彻的降低人们思想
水平的教育体系。然而，该来的总是要

———————

① 维克多·卡辛（1792—1867），法国哲学家、政
治家，他把德国哲学引进了法国。
② 希波里特·福图尔（1811—1856），法国历史学
家，曾任法国教育部部长。

来的。通过暴力夺取的权力在老去的同时进行自我完善，人们开始看到，人的自由发展成了政府最关心的事情，国家也乐于见到这种平庸的政府。它拥有自己想要的东西，想方设法颠倒是非。一个政府，如此无视绝大部分人的巨大愿望，这完全是失去了理智。最明智的是从错误中尽可能剥离出好的部分，就像5到6世纪的神职人员那样，不能赶走野蛮人，就试着给他们照亮正确的路。因此，拿破仑三世的政府做得对的地方，我们就要支持，也就是说，当它涉及科学、教育、进步的长久利益，涉及这些永远不会过时的社会义务时。

而且，不容置疑，拿破仑三世的统治尽管有很大的缺陷，但仍然解决了一半问题。法国的大多数人都非常高兴，他们拥有自己想要的东西，即规则和安定。的确，虽然这一时期缺少自由，政治生活也很不正常，但它只伤害了全国五分之一或六分之一的少数人，而且在这些少数人当中，虽有一小部分受过教育、聪明、真正思想开放的人，但也有很少思考、受叛乱思想鼓动、一心想着反对和推翻政府的群体。国家行政非常糟糕，但任何人都不能否认，王朝关于权力的原则几乎没有受到任何侵犯。反对派自己在行动中感到的更多是拘束而不是阻碍。国家的财富以闻所未闻的比例增加。1870年5月8日，在国家的一系列严重错误之后，750万选民仍表示满意目前的生活。几乎没有人会想到，一个这样的政府竟能面对那么恐怖的灾难。其实，那种灾难并不是必然会发生的，而是拿破仑三世的一个特点造成的。

二

拿破仑三世在满足反对派的需求、遵守法令法规、妥善解决1848年革命的后果时，积累了自己的财富。如果他仅局限于这样的计划，对内压制所有想法和政治自由，一心积累自己的物质财富，依靠温和的教权主义却不相信他们，那他的王朝和统治都可以得到长久的保障。国家变得越来越庸俗，忘记了自己的古老历史。新的王朝建立了，普选造就的法国变得非常物质化，忧心忡忡的旧贵族、爱国主义者、美的崇拜者、热爱荣耀的人和代表法国灵魂的贵族阶层一同消失了。批判和讲物质的政府被送到大众面前，而大众呆板、粗俗、鼠目寸光，只盯着自己的利益。国家的两大支柱是工人和农民。工人没有受过教育，农民首先想要买地、扩大农田。跟农民和国际社会主义者谈论法国、法国的历史和伟大，完全是对牛弹琴。从这种短浅的目光出发，军中的荣誉似乎是一种疯狂。在他们看来，关注大事、重视精神荣誉都是不切实际的幻想。在艺术和科学方面花掉的钱都是浪费，是从几乎不关心艺术和科学的人的口袋里掏出钱来疯狂花销。在皇帝执政的前几年，为之精诚服务的外省人就是这样想的。如果说他对这种狭隘的观点盲目顺从，任何反对势力都不能让他动摇。所有的反对派集结起来至多有200万人，这个数字每年都在增加，有些人因此说它将会扩大为多数派。错了。这个数字遇到了一个超越不了的瓶颈。我这样说，是因为我肯定，我现在写的这些文字只会被智者阅读。我想，一个只想

在法国建立并且长存的政府从此以后有
了一个非常简单的办法，即模仿拿破仑
三世的纲领，减少战争。它将这样把法
国带上下坡路，所有放弃远大目标的社
会都会如此。但只有那些听从命运的安
排、从来不做反抗的人慢慢死去之后，
它才会与国家一道消亡。

　　这不是拿破仑三世。在这方面，他
比国家中的大多数人都崇高，他热爱这
个国家，发自内心地喜爱人类高贵的文
化，尽管大家也许不是很清楚。他在很
多方面都与任命他的人不一样，他梦想
着军事荣誉，拿破仑一世的幽灵在他脑
海中萦绕。奇怪的是，拿破仑三世非常
清楚，他既没有军事才能，也没有实战
经验，法国在这方面已经失去所有优
势。但是，内心的想法占了上风。拿破
仑三世清楚地感觉到，他在这方面的个

人观点成了一颗"美人痣",无论在建立权力的时候还是之后都需要隐瞒。人们看到他急于抗议,说自己需要和平。他承认这是一种让自己为大众所接受的方式。克里米亚战争之所以被舆论接受,是因为人们以为这场战争对整体和平没有伤害;意大利战争之所以被原谅,是因为人们看到它很快回头、停在半路。

最基本的理智告诉拿破仑三世,永远不要打仗。他知道,法国完全不想要战争[1]。而且,经受过革命的国家,有过多个王朝的国家,在军事上是无法强大的。色当战役之后,约翰王、查理六世、弗朗索瓦一世甚至路易十四,都经历过拿破仑三世所面对的危急情况。他

---

[1] "省长们的调查",《争鸣报》,1870年10月3日及4日。——原注

们并没有被颠覆，甚至没有被动摇。耶拿战役之后，普鲁士国王腓特烈·威廉三世的王位比以往任何时候都要坚固。但拿破仑三世不能忍受任何一次败北，他就像一个玩家，如果输掉一局就要被枪杀。一个在王朝问题上有分歧的国家应该放弃战争。因为，第一次战败，就暴露出虚弱的原因，任何小事都会断送它的性命。一个伤口没有愈合的人也许能投入日常生活而不让别人发现他的疾病，但所有剧烈的运动他都不能参加，稍一疲惫，伤口就会复发，他就会倒下。人们没想到，拿破仑三世在他亲自用黏土建造的坚固大厦中，给自己创造了一个如此完整的幻象。他怎么会看不到，这样的建筑经不起任何动摇，强敌的冲击一定会使其倒塌呢？

因此，1870年7月宣战是个人错误。

那是长期潜伏在拿破仑三世脑海中的某种思想的爆发或大胆回归，国家对和平的爱好让他不得不隐瞒这一他自己都几乎快要放弃的想法。没有什么比国家首领违背国家意志更彻底的背叛了，在这里，"背叛"这个词是指国家代理人在行动中用自己的意愿代替了委托人的意愿。是不是说，国家因此就不用为发生的事情承担责任了？不！我们不赞同这个观点。国家的错误在于将自己交给了一个态度不明朗的政府和一个可悲的议会。这个议会的轻率超出了大家的想象，它竟然根据战争中最阴险的部长的话来投票。法国犯的罪在于一个有钱人选择了一个糟糕的管钱人，还给了他无限的权力，所以这个有钱人活该破产。但把委托人不顾管钱人的反对，把自己非要做的事情当作是管钱人做的，这就不公平了。

事实上，全面了解其各种乡土做法的人，都会毫不犹豫地承认，半个世纪以来，在这个国家占据上风的主要还是和平。被1814年和1815年的战败所触怒的战争一代，在王朝复辟时期和路易-菲利普的统治时期几乎消失了。十分诚实但往往很肤浅的爱国人士，用胜利的语调讲述着我们昔日的胜利，这常常会伤害外国人，但这种不和谐的声音日渐衰弱。可以说，1848年以来，这样的声音已经消失了。那时，出现了两个不仅会结束所有战争思想，也应该结束所有爱国主义思想的运动。我想说的是，工人和农民的物质需求被大大地唤醒了。显然，工人的社会主义与战争思想相悖，且几乎是对国家主义的否定。《国际歌》的理论可以证明这一点。另外，自从我们为农民开启了发家致富的道路，告诉他们工业收益如何之好，他们就对征兵越发恐惧和排斥。这是我的经验之谈。1869年5月，我在塞纳-马恩省的乡村选区参与竞选。我可以保证，我在路上没有发现旧日国家军事生活的任何痕迹。有一个廉价、不太威严、不怎么讨厌的政府，真诚地希望自由，强烈渴望平等，对国家荣誉完全漠不关心，对没有把握的好处坚决不做任何牺牲，我觉得这就是法国农民的想法。而在法国，正如人们所说，农民是最先进的阶级。

我不想说，沉浸在第一帝国记忆中的旧思想，如今已无任何痕迹。从严格意义上来说，能被我们称为波拿巴主义者的人很少，他们曾围在皇帝身边抱怨教唆。天主教派声称新教国家已经没落，他们用这错误的陈词滥调，想重新燃起快要熄灭的火，但这丝毫没有触及国家。1870年的经历清楚地说明了这一点。大家都对宣战表现得很沮丧，报纸上满是愚蠢的大话，小孩在大街上叽叽喳喳，历史记录这些事实，只是为了让大家看看，一帮冒失鬼能将国家的真实情感改变到何种程度。战争清楚地证明，我们不再拥有旧日的军事才能。任何一个对我们的历史有正确认识的人都不会对此感到惊讶。中世纪的法国有着一个日耳曼框架，由日耳曼军事贵族用高卢–罗马的材料搭建而成。近百年来，法国要做的就是从内部清除日耳曼侵入留下的痕迹，直到大革命，它是这场清除中最后的大动荡。法国的军事思想来源于日耳曼，在猛烈地清除日耳曼元素，并用社会平等和哲学概念代替这些元素的同时，法国也抛弃了自己的军事思想。法国一直是富有的国家，却视军人为一个愚蠢的职业，薪酬极少。因此，法国成了世界上最和平的国家，所有的活动都围绕着社会问题来展开，致力于创造财富和工业的进步。有教养的社会阶层不会沉迷于优雅而奢华的享受，因爱好艺术、科学和文学而颓废。但是，军事生涯被冷落了，富裕的资本主义家庭为子女选择职业时，往往会选择他们并不能明白其社会重要性的职业，而不去选择将来能赚大钱的商业或工业。圣西尔学校只剩下年轻的败类，在旧贵族和天主教派的帮助下，学生才开始多起来，这一转变带来的结果还没体现出来。这个国家曾经辉煌而善战，但我要说，它之所以如此，是经过选择的。它创造并维系了勇敢、杰出、可敬的贵族阶层，这些贵族一旦没落，将只剩下一个平庸的根基，既不新颖也不大

胆，一个平民既不能文亦不能武。这样
建立起来的国家，在物质方面可能会繁
荣，但它在世界上不会有地位，在国外
不再有作为。而且，这样的国家政府也
不可能通过普选产生，因为民众无法驾
驭普选。政客们欺骗和蒙蔽他们，一旦
当政，就强迫他们与其勾结，忍受其法
则。以为仅依靠主张就能改正某种不可
转变的主张造成的错误，这就进入了一
种恶性循环。

　　在这方面，法国只追随欧洲所有国
家的总体运动，普鲁士和俄罗斯除外。
我在1857年前后见过理查德·科布登
先生，他为我们着迷。英国人在这条工
商业物质道路上走在我们前面，这仅仅
是因为，他们比我们聪明，知道让政府
与国家达成和谐。而我们却如此笨拙，
我们选择的政府不顾我们的反对，让我

们陷入了战争。我不知道自己想得对不对，但我的思想越来越偏向于历史人类学的视角。在我看来，英国和法国北部的相似性与日俱增。我们的轻率来源于南部地区，如果法国没有把朗格多克和普罗旺斯拖入自己的活动圈，我们会是严谨的、有活力的，信奉新教，拥护议会。我们的民族根基和英伦三岛是一样的，日耳曼的影响虽然在这些岛上强大得足以让大家只讲日耳曼语，但总体来说，它对由三个王国组成的英国来说，并不比法国更强大。和法国一样，我觉得英国正在消除其日耳曼成分，那种固执、傲慢和执拗的贵族气质，从皮特①、

---

① 小威廉·皮特（1759—1806），18世纪晚期至19世纪早期的英国政治家，1783年任首相，时年24岁，时至今日，仍然是英国历史上最年轻的首相。

卡斯尔雷①和威灵顿②时期就开始统领英国。这种热爱和平、基督教色彩浓厚的重农主义潮流，与强加给自己的国家那么多大事的铁腕人物的爱好有天壤之别！英国的舆论30年来一向如此，完全没有日耳曼色彩。我们感觉到的是更温和、更友善、更人性的凯尔特③精神。应该更全面地来考察这类现象。可以说，如果世界上还存在尚武精神，那就是日耳曼精神。在我们身上，别的凯尔特人不容易找到界限的社会主义和平均主义

① 卡斯尔雷子爵罗伯特·斯图尔特（1769—1822），盎格鲁-爱尔兰政治家，曾任英国外务大臣（1812—1822），协助领导反拿破仑的大联盟，并在1815年重绘欧洲地图的维也纳会议上起过主要作用，欧洲一致原则的主张主要是他提出来的。
② 指第一任威灵顿公爵亚瑟·韦尔兹力（1769—1852），英国军事家、政治家、陆军元帅、首相，19世纪最具影响力的军事、政治领导人物之一。
③ 凯尔特，在罗马帝国时期，它与日耳曼、斯拉夫一起被罗马人并称为欧洲的三大蛮族，也是现今欧洲人的代表民族之一。

的民主，也许只有骁勇善战的日耳曼封建民族才能征服。这一点与过去的历史是相符的。因为长期以来，日耳曼民族的特点之一就是征服与保障并驾齐驱。换句话说，就是通过武力征服获得的物质财富高于人权和关于社会契约的抽象理论。社会主义每一次进步都可能是一种日耳曼式的进步。人们隐约看见，将来有一天，所有社会主义国家都将由德国人统治。出于类似的原因，古罗马国家无法再培养出好的宪兵和财产管理者。

　　事实上，我们的国家，特别是外省，正走向某种社会形式，尽管表面上有很多变化，实际上和美国很类似。这种社会形式中的很多事情，过去被当作是国家的事情，现在的主动权却掌握在个人手中。当然，我们可以不赞同这样

的未来。很显然，正在朝这个方向发展
的法国，将远远落后于美国。教育的空
白，权贵的空白，由于没有宫廷、没有
上流社会和古老的机构而使这个国家永
远留出的这些空白，美国用它年轻一代
的热情，用它的爱国主义，用它对自己
的力量近乎夸张的信任，用它笃信新教
的效力，用它的大胆和企业精神，用它
的优势，尤其是空间无限、没有邻国、
能自由发展的优势……来填补。它确信
自己在为人类的伟大事业而努力，完全
没有社会主义的萌芽，贫富差距很容易
被接受。没有这些优势的法国，可以说
是在封闭的空间里做实验，太沉重太轻
率，太幼稚太可笑。法国最多只能成为
美国第二，齐啬、平庸，可能更像墨西
哥或者南美其他国家。王权在我们的旧
社会中留下了众多需要保留的好东西，

但凭借我对法国及其影响的看法，我呼吁大家与旧日的光荣和伟大永别：再见了，法兰西[①]。但在政治上，要小心不要去同情理所当然的东西。对我们这些理想主义者来说，在这个世界上能成功的东西通常违反我们的本能，且我们几乎总能从一件让我们不高兴的事情中得出此事将继续发展的结论。尽可能少跟中央政府打交道，这是外省人的普遍愿望。外省对巴黎的反感，针对的不仅仅是一小部分捣乱分子的破坏，不仅仅是革命的巴黎，而是统治法国的巴黎，法国并不喜欢巴黎，巴黎对法国来说是"讨厌麻烦"的代名词。是巴黎在召唤人们，卷走钱财，用在外省人不懂的疯狂事情上。上届政府中最有才干的一位行政者对我说，在他看来，1869年大选

—————————

① 原文为拉丁语：*Finis Franciæ.*

中，法国妥协最彻底的是征税系统。外省在每次大选时都强迫当选者发誓，要采取一定的措施，或早或晚兑现诺言，而这种兑现往往会摧毁国家财政。我第一次遇到普雷沃-帕拉多尔①时，他刚从大西洋卢瓦尔省选区回来。我问他对选区的主要印象，他说："我们很快就会看到国家的末日。"如果他问我对塞纳-马恩省选区的印象，我也肯定会这样回答。省长尽可能少管闲事，纳税和兵役尽量减少，外省才会满意。大部分人只有一个要求，那就是让他们安安静静地赚钱。只是，贫穷地区还显示出对官位的贪欲；在富有的省份，公务员不被重视，被当作是没什么好处的行当之一。

　　我们可以将这样的思想称为外省民

---

① 普雷沃-帕拉多尔（1829—1870），法国记者、散文家。

主。可以看到，这样的思想与共和思想有着显著的不同。它可以适应帝国和君主立宪制，也可以适应共和国，在某些方面甚至更适合前者。它对这样或那样的王朝和所有被叫做荣誉与辉煌的东西都不在乎，但它希望有个王朝，作为秩序的保障，却又不想为建立这样的王朝做任何牺牲。这是纯粹的政治唯物主义，与理想主义相悖，而理想主义是正统理论与共和国理论的灵魂。一个这样的党派，却代表了法国绝大部分人，它太过肤浅、太过狭隘，无法指引国家的命运。在他们看来，1848年让路易-拿破仑来管理国家事务，是一个巨大的错误，他们恨不得改革20遍。他们的命运就是不停地受骗，因为卑鄙逐利的人们不会变得精明，简单平庸的资产阶级缺乏必需的忠诚来建立一个秩序并维持它。

　　的确，日耳曼人的原则是：一个社会，想要完全享受自己的文化遗产，首先要让它得到保障。总的来说，拥有者不能保护自己所拥有的东西，这样不好。在中世纪的骑士决斗中，持械者向昏庸的领主挑战，从某些角度来看是合理的。勇敢者建立领地，持剑者创造财富，因为在保卫他所征服的东西时，他也在保证麾下人员的财产。至少，法国资产阶级梦想的是拥有或享有财富的人，并不需要真正拿起武器（由于雇人代替应征的法律）来保护自己的财产，他们构建的社会建筑真的摇摇欲坠。一个拥有资本的阶层相对来说比较悠闲，不怎么为公众服务，却又傲慢无理，好像它生来拥有一切，其他人生来就要保护它。这样的阶级，要我说，是不会长久的。我们的社会成了一个彻底的弱者团体，这样的社会难以保护自己，很难让一大群人共同生活并相互保证，也就是说，建立一支强大的军队，才是权利和意愿的最大体现。财富的主人既是用武器捍卫财富的人，也是通过劳动创造财富的人。只关心通过劳动创造财富的政治经济，根本就不懂得封建制度，其实封建制度和现代军队的建立一样合理。公爵、侯爵、伯爵实际上就是后备军①的将军、上校、连长，只是他们的报酬建立在土地和领主特权之上。

三

于是，国家政治这一传统日渐消逝，大部分法国人的主要爱好都转向基本为物质主义的君主立宪制，尽可能远

——————
① 原文为德语：landwehr。

离所谓的忠诚、忠君、爱主。法国渴望
王朝，但对于王朝本身的选择却显得非
常随意。昙花一现但大放异彩的拿破
仑一世足以在这些民众当中创造一个称
号，而完全不顾数百年来的正统主张。
1848年，作为这个称号的继承者，路易-
拿破仑王子好像有意要把法国从让他厌
恶的、危险性被夸大的状态中拉出来。
法国像抓住救命稻草一样抓住他，帮助
他做非常鲁莽的事情，成为他政变的同
谋。在差不多20年的时间里，12月10日
事件的庇护者很可能以为自己是对的。
法国神奇地开始积累自己的国内资源。
这是一次真正的发现。多亏了秩序、和
平、贸易条约，拿破仑三世让法国知道
了自己有什么财富。内政的低迷让一部
分知识分子不愉快，剩下的人都得到了
自己想要的。毋庸置疑，对于国家的某

些阶层来说，拿破仑三世的统治相当理想。我重申，拿破仑三世并不想打仗，因为波拿巴王朝的建立经历了几个世纪。但这就是缺乏道德基础的国家的软肋，一个疯狂的日子足以毁掉一切。拿破仑三世怎么会看不到，与德国发生战争，对法国这样虚弱的国家来说是一次太大的考验？幕僚无知而轻率，那是新王朝带来的恶果，一个宫廷，如果只有知识分子（这位王子充满智慧，极其了解自己的时代，他必然的命运几乎让他毫无权威），所有的意外和不幸都是有可能的。

的确，在公共财富奇迹般增长的时候，农民通过节约积累了财富，却丝毫没有因此在知识、文明和文化上有所进步。整个贵族阶级大规模地衰亡，大众的平均知识水平大幅下降，离开国家的杰出人物的数量保持不变，可能还有所上升，新兴贵族不给历史悠久、出身良好的显贵家族以任何功劳。但环境变得越来越差，人们冷得要死。已经弱得毫无长处可言的大学日薄西山，最负盛名的两大课程，历史和哲学，眼看就要被取消。巴黎综合理工学校和巴黎高等师范学校被摘下了皇冠。1860年以来为改善这一状况做出的些许努力缺乏连贯性，也没了下文。好心者参与其中，但得不到支持。人们所服从的宗教约束只会放过一个无害的庸人，任何有点个性的人都会被赶出自己的国家。天主教是除国家之外唯一有组织的力量，它为了自己的利益把国际事务占为己有。巴黎被寻欢作乐的外国人占据，被外省人占据，他们支持的只是可笑的小报纸或者愚蠢的文学作品，巴黎色彩越淡越好，活像一个新式弄臣。在此期间，国家沉溺于卑鄙的物质主义。没有贵族作为榜样，发了财的农民满足于自己富足但却粗俗和平凡的人生，不知道如何生活，保持"左倾"，没有思想。"没有牧人的羊群[①]"，这就是当时的法国：没有光亮的火，没有温度的心脏，没有先知的人民。一颗死亡的星球，机械地滑过自己的轨道。

法国的行政堕落不像那不勒斯或西班牙，并非蓄意为之，而是由粗心、懒惰、放任自流、对公共事务完全漠不关心所导致。所有公职都是闲职，什么都不做就可以拿薪水。这样，大家都无可指责了。多亏了关于诽谤罪的法律（似乎是为了保护最不体面的公民而制定的），更要感谢普遍的失信，报刊因唯

---

① 原文为拉丁语：Oves non habentespastorem。

利是图而堕落，平庸和不诚实之人可以
得到巨额奖金。那些胆敢批评的人很快
就会被孤立，成为危险分子。人们不会
迫害他们，因为用不着，一切都在普遍
的萎靡中迷失，大家都不专心，不认
真。一些有思想的正直者提出了有用的
建议，但不被采纳。官僚机构自大而无
能，坚信欧洲赞赏并羡慕法国，这让所
有的批评都不起作用，所有的改革都不
可能进行。

　　反对派比政府更清醒吗？不见得。
关于德国事务，反对派的演说家显得比
鲁埃先生①更冒失。总之，反对派根本就
没有拿出什么高尚的道德原则。它毫无
博学的政治主张，没能逃开法国极端主

---

① 欧仁·鲁埃（1814—1884），法国律师和政治
家，波拿巴主义者，第二共和国时期是制宪议会和
立法议会议员。

义的肤浅车辙。我们惊讶地看到，巴黎选举如此混乱，除了几个有德之人，剩下的只是夸大其词和关于民主的成见。从某个方面来看，外省要好一些，他们需要一种有规律的地方生活，需要对村镇、城市和省份有利的地方分权，强烈希望自由选举，坚决要求精简政府和军队、取消闲职、废除公务员的贵族地位，制定足够自由的纲领，尽管这一纲领有些吝啬，因为这一纲领的目的就是尽可能少花钱，抛弃所有可以被叫做荣誉、力量、辉煌的东西。这些愿望实现之后，外省便会出现物质十分繁荣的幸福生活，对教育和知识文化漠不关心，非常需要自由。这是一种富裕的资产阶级生活，人们互相独立，不关心科学、艺术、荣誉和才能。我必须再次重申，除了风俗和气质上的差异，这与美国式的生活十分相像。

假如拿破仑三世没有自找灭亡，这本来就是法国的未来，满帆驶向平庸。一方面，资产阶级沉浸在物质繁荣的进步当中；另一方面，社会问题完全扼杀了民族和国家问题。这两类问题在某种程度上是平衡的，一些人的登基意味着另一些人的消失。工人工作、生活条件的巨大改善对道德改善并没有什么好处，相比于上流社会和受过教育的阶级，普通民众抵抗享乐诱惑的能力要差一些，只有对自己的账目麻木的人才会心安理得地享受这种乐趣。为了使安逸不让人道德败坏，就要习惯安逸。没有受过教育的人很快就会沉溺于快乐当中，愚蠢地将其视为最重要的事情，不会对其心生厌倦。德国人民高尚的道德观念来自我们到如今都冷眼相待的事情。不幸的是，认为人民想要过得好就必须先吃苦，这样的政治观念并不完全错误。

我会这么说吗？我们的政治哲学同样证明了这一点。我们道德观念的第一原则，就是抹杀个性，让理性尽可能地控制兽性。然而，这与战争思想相对立。我们这些自由党人，在政治上不承认神权，在宗教上不承认超自然，我们的行为准则会是什么？一种简单的人权，是孔多塞和18世纪绝对理性主义之间的妥协，只承认支配人性的理性权力和来自历史的权力。缺乏革命的经验使人摆脱了对理性的崇拜。但即使我们完全自愿地投入其中，我们也不会崇拜力量或建立在力量之上的权力，这是对德国政治的总结。在我们看来，一个国家的不同党派的一致同意，是这个国家

存在的终极理由①，而这就是我们的原
则。但它有两大缺陷：首先，世界上有
些人与众不同，他们生活在旧制度严苛
的教条下，认为国家的统一掌握在统治
者的权力当中，而我们认为19世纪已经
开创了一种新权力，即大众的权力；其
次，我们无法让这个原则在我们国家永
远占上风。我刚才所说的原则是法式原
则。从这个意义上来说，它们自然来自
我们的哲学、我们的革命和我们的国民
性格，包括其优点和缺点。不幸的是，
信奉这些原则的党派，和其他明智的党
派一样，都是少数派，而这样的少数派
在我们的国家往往会被打败。罗马远征
显而易见地违背了唯一适用于我们国家
的政策。插手德国事务显然是一种轻率
行为，这一错误不应该只让下台的政府

———————

① 原文为拉丁语：ultima ratio。

承担。从萨多瓦战役①开始，反对派就不停地推进。一直拒绝战争政策的人有权说："拿下阿尔萨斯，尽管攻占它是一项罪行。不过，在绝对必须的情况下，将阿尔萨斯拱手相让也是一项罪行。"但鼓吹自然边境和国家礼节的人，就没有权力觉得别人对他以血还血、以牙还牙是不好的。自然边境和大众权力理论只能由同一张嘴来说，否则就是显而易见的矛盾。

所以，我们感觉自己很弱，不被自己的国家承认。法国可能对所有外部行动漠不关心，路易-菲利普就曾明智地这样做。法国一旦在国外行动，就只能使用自己的原则，即自由国家的原则。自

---

① 萨多瓦战役，1866年普奥战争的决定性战役。在这次战斗中，普军依靠严格的纪律与快速行军，在战斗中集中兵力夹击敌军，一转开始不利的局面，取得了辉煌的胜利。

由国家由自由的省份组成，能主宰自己的命运。正是从这个角度出发，我们才同情拿破仑三世的意大利战争，从某种程度上来说，克里米亚战争也是如此，特别是他协助在普鲁士四周建立一个北部德国。我们曾一度相信我们的梦想会实现，也就是说结合德国、英国和法国的政治和知识，为三个国家建立人道主义和文明的领导力量，向俄国示威，或者说，在它的道路上引领它、培养它。唉！思想怪异而且不坚定，那能拿它怎么办？作为交换，意大利战争延长了对罗马的占领，这完全是违背法国的所有原则的；克里米亚战争，只有成功地把一大部分人从土耳其的统治下解放出来才具有合法性，战争的结果无非是巩固了奥斯曼原则；墨西哥远征是对整个自由思想的挑战。承认德国而获得的真正头衔，因在萨多瓦战役之后脾气暴躁、采取挑衅态度而全部失去。

人们还会说，将这些账都算在上一个王朝的头上是不公平的。国民的虚荣心可能采取的最危险的诡计之一，就是想象我们的不幸全都是拿破仑三世的错误造成的，以至于拿破仑三世一倒台，胜利和幸福就会回到我们身边。事实是，我们所有的弱点都有一个更深的根源，一个完全没有消失的根源，即被误解的民主。一个民主国家不能被乖乖地统治、管理和指挥，原因非常简单。在一个社会中，管理、行政、指挥是选举的结果，选举是从人群中选取一部分人来统治、管理和执政。这样的选举可以用四种方式进行，在不同社会中，它们有时独立使用，有时通过竞争选用：第一，通过出身决定；第二，通过抽签决定；第三，由大众选举决定；第四，通过考试和竞赛决定。

抽签在雅典和佛罗伦萨完全没有实施，只在这两个城市里曾有过贵族群体，历史上，这个群体在千差万别中，上演最美也最迷人的一幕。显然，我们现在的社会，如同辽阔的斯基提亚地区①，古希腊各类移民在那里都有自己的宫廷、大城市和大学。这样的选举模式将产生荒谬的结果，没必要走到那一步。

考试和比赛体系应用范围并不广，基本只在中国实施，结果造成了一种普遍且难以治愈的衰老。我们本身就与这个方向相距甚远，这完全不是我们衰弱

_____

① 古希腊人对其北方草原游牧地带的称呼。这个区域为欧洲东北部至黑海北岸，经中亚草原一直延伸到他们不知道的领土之外，包括了东欧大草原、中亚与东欧等地。

的原因。

选举系统不能作为政府的唯一基础。军事指挥下进行的选举更是一个矛盾，甚至是对指挥权的否定。因为，在军队事务中，指挥是绝对的，然而被选举人从来不会绝对地指挥自己的选民。对于统治者人选，选举鼓励虚伪的许诺，提前破坏候选人的威望，让他在将服从他命令的人面前丢脸。如果是普选，这种做法就更有理由了。如果是选举议员，又是直接普选，结果肯定很平庸。因此，这样的选举不可能产生上议院、法官，甚至不可能产生一个好的省议会或市议会。普选具有很大的局限性，不懂得科学的必要性、贵族和学者的优越性。它只能选出一个名流团体，而且必须采取我们稍后会特别说明的形式。

　　毋庸置疑，如果要坚持只选一种选举方式，基于出身的选择比选举要好得多。出身的随机性比投票的随机性要小。出身通常意味着更多的教育，有时还意味着一定的种族优越。如果是指定统治者和军队首领，出身这一标准几乎是必不可少的。总之，这一标准只会消除法国人的偏见，他们只看到给公务员发酬劳而看不见公务员干活。这样的偏见与政府的真正原则相悖，后者要求在选择公务员时只考虑国家的利益，或者，换句话说，只看他们对公务的执行能力。谁也不能得到这个职位，但所有职位都应该填满。如果某些职位世袭能保证有效的管理，我会毫不犹豫地建议对这些职位进行世袭。

　　现在，我们明白了，17世纪末之前，法国是如何出色地挑选军队首领的。现在，选举的水平一落千丈，结果产生了去年7月我们看到的领导中心：总督、部、众议员、参议员、元帅、将军、行政官员，人们会把它看作是有史以来最可悲的政府人员组成之一。这些都是因为普选，因为皇帝（一切的始作俑者）以及立法机构（皇帝言行的唯一抗衡）都由此而来。这一可悲的政府正是民主的结果：这是法国想要的，是法国从自己国家内部挖掘出来的。普选的法国永远都不会有什么更好的结果。平均知识水平还比不上一个无知而狭隘的人，这样的人民却要由一个有智慧、有文化的强大政府来代表，这是反自然的。一个国家，采取这样的选举程序，民主这样被误解，肯定是它的意识完全迷糊了。由所有人组成的巨大的选民团体还比不上历史上最平庸的统治者。凡尔赛皇宫对公务人员的选择比今天普选产生的结果更好。这样的选举产生的政府将比18世纪最糟糕的政府还要差。

一个国家不仅仅是组成这个国家的个体的总和，它也是一个灵魂、一种意识、一个人、一个有生命的结果。这个灵魂可能驻扎在很小一部分人身上。最好是所有的人都能参与其中。但必不可少的是，通过挑选政府成员，形成一个大脑，用来监督和思考，而国家中的其他人则不去思考，也没有感觉。然而，法国式的挑选是所有选择方式中最弱的一种。没有组织的普选，听从命运的安排，法国只能得到一个没有智慧、没有知识、没有声望也没有权威的社会大脑。法国想和平，却如此愚蠢地选择了曾把它扔进战火的代理人。一个极爱和平的国家，它的议院却热情支持最残酷的战争。一些在街头大喊的人，一些冒失的记者被认为能表达出国家的声音。法国有道德有思想的人和别的国家一样多，但这些人没有发挥出他们的价值。一个国家，如果除了直接普选之外没有别的选举方式，那无论它拥有什么样的人民，它总体来说都是无知、愚蠢的，无法明智地解决任何问题。民主者对旧日统治表现得十分严苛，因为这些统治常常推选无能或凶残的统治者。诚然，将国家意识保留在一个王室家族和其亲信的政府是有起有落的。但是，如果我们来看整个卡佩家族，这个王朝统治了近900年：他们有低潮的时期（14世纪、16世纪、18世纪），有可敬的时期（12世纪、13世纪、17世纪），从路易七世到腓力四世，从路易十四到路易十六的后半期！没有任何选举机制可以推选出这样的国家代表。最平庸的人也比3600万个自成单位的个体选出的结果好。希望未来能证明我错了！但是我们需要担忧，有着无穷尽的勇气、好意，甚至智慧的法国会像放错地方的火一样熄灭。利己主义是社会主义的源头，嫉妒是民主的源头，它们只会让一个社会虚弱，无法抵御强大的邻国。一个社会只有承认天生优势的真实存在才能强大。这些优势说到底只归结于一点，就是出身，因为知识和道德的优越性只有在出身有利的条件下才能体现出来。

四

如果这个世界上只有我们存在，没有邻居，我们或许可以继续不断地堕落，甚至自我满足。但是，世界上不只有我们，还有别人。我们的辉煌历史和帝国幽灵般地侵扰我们现在的喜庆。祖先被卷入战争，后代无法自由地享受平静而平凡的生活。被父辈们杀死的人，其后代不断地来骚扰他们舒适的生活，向他们拔出利剑。

一直轻率冒失的法国，完全忘了半个世纪之前它曾奚落过欧洲大部分国家，特别是与我们的优点和缺点相反的民族。法国人思想活跃但没有记性，德国人意识持久、坚强且深刻。法国人善良、健忘，很快就忘了自己给别人造成的伤痛，也忘了别人给自己造成的伤痛。德国人很记仇，小肚鸡肠，不太理解荣誉和名誉，更不明白宽恕。1814年和1815年的报复并没有平息帝国致命的战争在德国人心中燃起的巨大仇恨。慢慢地，他们巧妙地酝酿着报仇雪恨。而对我们来说，那已经是另一个时代的事了，跟现在没有任何联系，我们完全不觉得应该为此负责任。

当我们无忧无虑地沿着不明智、太过宽容的物质主义的道路下坡，任凭所有的记忆消失（没想到我们的社会状态如此不稳，只要有几个冒失鬼心血来潮就会让我们失去一切），另一种完全不同的思维，即被我们称为旧制的古老精神，却在普鲁士存在着，在俄罗斯也有众多体现。除了这两个国家，英国和欧洲其他国家都走向了与我们相同的道路，即和平的道路、工业的道路、商业的道路、经济学校和大部分政府官员都把它当作是文明的道路。但有两个国家，野心不死，渴望扩张领土，国家主义和民族自豪依然存在。俄国，出于本能，出于宗教和政治的狂热，还保留着旧时的圣火，即随时准备为某种与个人利益无关的事业而抛头颅、洒热血。这在我们这种已被利己主义消磨的民族已经很难见到了。在普鲁士，一个享有特权的贵族阶级，一些可以说是服从封建制的农民，一种甚至可以说是生硬的国民军事精神，一种艰难的生活，某种普遍的贫穷，加上对过着幸福生活的人民的若干嫉妒，维持着国家力量的生存条件。在我们国家被贬低，被视作游手好闲、无所事事的军人，在那里是一种巨大的荣耀，一种很有学问的职业。德国精神让人以自己的方式艺术地杀戮强敌。而在莱茵河的这一边，我们却竭尽全力消除关于第一帝国的灾难性的回忆，古老的布吕歇尔①和沙恩霍斯

_____

① 布吕歇尔（1742—1819），普鲁士元帅。

特①思想在那里依旧存在。在法国，与军事荣誉相关的爱国主义被冠以沙文主义的名字，让人觉得可笑；在德国，所有的人都是我们所谓的"沙文"，并以此为荣。法国的自由主义倾向于为了个体自由削弱政府；普鲁士政府则比我们任何时候都要专制得多。普鲁士人，有教养、有纪律、有道德、有文化、有组织，永远受政府监督，且毫无怨言。我们从来没有受到过这样的控制和统治。那个民族实际上是君主制的，完全不需要平等。它也有道德，但那是阶级的道德。在我们国家，大家都梦想着同样的荣耀，而在德国，贵族、资产阶级、教师、农民、工人都有自己特别的使命。个人的义务和权利不受重视，所以才形成一股巨大的力量，因为平等是政治和

① 沙恩霍斯特（1755—1813），普鲁士将军。

军事被削弱的最大原因。加上科学、批评精神、全面和准确的思维，普鲁士的教育把各种优点提升到最高程度，而法国的教育却抹杀或不鼓励这些优点；还有道德品质，它能让一个民族永远战胜比它女性少的民族①。你们将知道，任何一个人，只要有一点历史观念，懂得什么是国家道德，只要读过普鲁塔克②的这两篇杰出文章——《论亚历山大的命运或美德》和《论罗马人的命运或美德》，就不会怀疑将要发生的事情。不难看到，因1814年和1815年事件勉强停止片刻的法国革命，将再次看到自己的宿敌日耳曼民族或者说北部的斯拉夫–日

---

① 在法国，女性是社会和政治活动的一个重要组成部分，而在普鲁士，参与此类活动的女性要少得多。——原注
② 普鲁塔克（约46—120），罗马帝国时代的希腊作家、哲学家、历史学家。

耳曼民族出现在自己面前。换句话说，普鲁士仍然是一个旧制国家，远离工业、经济、社会和改革的物质主义，压倒了其他各民族的气概。普鲁士的贵族打败法国革命的坚强决心可以明确地分为两个阶段，一个阶段是1792年到1815年，另一个阶段是1848年到1871年，这两个阶段都大获成功，而且未来可能还会如此，除非革命战胜了敌人。普鲁士对德国的兼并将为此提供极大的便利，不过短时间内不会发生。

战争主要是旧制的事，它意味着利己主义思想的匮乏，因为，胜利之后，做出贡献最多的人，我是说死去的人，却享受不到胜利。它是缺乏自我牺牲、一味追求个体权利的对立面，也就是我们现在所说的民主的对立面。带着这种想法，就不可能发生战争。民主是军队组织最强大的溶解剂。军队组织建立在纪律之上，而民主是对纪律的否定。德国有过民主运动，但这一运动从属于国家爱国运动。因此，德国的胜利必然是完全的，因为有组织的力量总能打败无组织的力量，甚至能打败在数量上占优势的力量。德国的胜利是守纪律的人对不守纪律的人的胜利，是科学和理智的胜利。但与此同时，也是旧制的胜利，是否认人民主权和人民掌握自己命运的胜利。这些人民主权和人民掌握自己命运的想法，远远不会使一个民族强大，反而会让它放下武器，不能适应任何军事行动。更不幸的是，这些想法并不能让它不把自己交到政府手里，而政府会对它犯下极大的错误。1870年7月，让人难以置信的行动将我们扔进灾难。所有枯萎的萌芽都会慢慢腐烂，最后恶性发作。所有的帆都被撕碎了，过去只存在于人们的猜测之中的个性缺陷灾难般地显现了。

病从来不会单独出现，因为虚弱的身体再没有力气抑制肌体中一直潜在的破坏因素，而健康的身体会让疾病无法爆发。巴黎公社恐怖的一页展现出祸患中的祸患，毁灭中的毁灭。1871年3月18日是千年来法国国家意识的最低点。人们曾一度怀疑这一意识能否重建，这具充满活力的巨大躯体甚至大脑的公共神经中枢都受到了伤害，它是否还能战胜侵蚀它的病菌。卡佩王朝的伟业似乎受到了影响，人们会以为，我们之后的历史观已经在1871年阻止了4世纪法国公爵们开启的大发展。事实并非如此。法国的意识尽管受到了重击，但还是恢复了健康。三四天后它就从晕厥中醒来。法国重获新生，蛆虫们已经在抢夺的尸体恢复了热量，可以重新动了。在什么样的条件下这种墓外生存才有可能呢？这会是复活者短暂的生命之光吗？法国能重新补上历史中中断的一章，或是将进入长久而神秘的命运的全新阶段？一个优秀的法国人在这样的情况下会许下怎样的愿望呢？他会给他自己的国家怎样的建议？我们将试着阐述这一点，不是带着确信——因为在这样的日子里，确信可能意味着十分肤浅的思想——而是带着审慎，因为审慎是每天的机缘巧合和未来的不确定性的重要部分。

第二部分

药

有一件众所周知的事情，那就是我们国家的每次重组都那么轻易。近来的事实表明，法国的财富几乎没受到什么影响。至于人才流失，如果可以冷静地谈论这个似乎很残忍的话题，我要说，这种流失并不太严重。因此，所有思考着的头脑中都会出现一个问题：法国将怎么做？它将重新走上1870年战争前国家衰退和政治物质化的下坡路，还是有力地反击外国侵略者，对刺痛它的针做出反应，并且，如同1807年的德国一样，从自己的失败中找到新纪元的出发点？——法国非常健忘。如果说普鲁士

没有要求法国让出土地，我会毫不犹豫
地回答说法国的工业、经济、社会活动
都已经重新走上正轨，经济上的损失几
年就可以补回来，但军队的荣誉和国家
的面子丧失得越来越多。是的，色当战
役①之后，德国在世界历史上扮演着最漂
亮的角色。保持胜利，不对任何一部分
法国人动粗，德国将永远埋葬战争——
如果涉及人文领域我们也能说"永远"
的话。德国并不想扮演这个角色，它粗
暴地划走了200万法国人，其中很小一
部分可能赞同这样的割让。显然，所有
仍然爱国的人士长时间以来只有一个目
标，即重新赢得丢掉的省份。在成为爱
国主义者之前首先是哲学家的这些人不
可能听不见200万人的叫喊，为了抢救

---

① 色当，法国东北部市镇。1870年9月，拿破仑三
世在该地被普鲁士军队包围，次日投降。

其他的遇难者，我们不得不将他们扔进海里，但他们与我们生死相连。因此，法国的肉体中被深深地插入了尖利的钢刀，再也无法入眠。但是，法国的改革将走哪条道路？它的新生在哪些方面将和那么多其他国家的复兴措施相类似？而法国的独特性又在哪里？这就是我们需要研究的。首先我们要认可，像法兰西意识这样一种如此敏感的意识，在独一无二的环境下，完全可以有让人意想不到的表现。

一

一个国家能从巨大的灾难中振作起来，我们面前有一个杰出榜样，那就是普鲁士。它不会指责我们向它学习的。

《提尔西特和平条约》①之后，普鲁士做了什么？它退让了，反思反省。它所剩下的领土只是我们的五分之一。在欧洲，这是最小的，而国家的军事条件似乎也判定这块土地永远不可能强大。爱国主义精神不强烈的人是会泄气的。但普鲁士人默默地组织起来，不但没有废除自己的王朝，反而簇拥在它的周围，爱戴其平凡的国王及其皇后露易丝，虽然后者是战争的直接原因之一。国民的聪明才智全都被调动了起来，施泰因带着专注的热情领导着一切。军队改革成了研究和思考的杰作，柏林大学成了德国新生的中心，学者们被要求精诚合作，他们的条件只有一个，他们提出来

---

① 1807年，拿破仑于耶拿战役中打败普鲁士、在弗里德兰打败俄国后，法国分别与普鲁士和俄国在提尔西特（今俄罗斯苏维埃茨克）签订的和约。

了，也应该提出来，那就是自由。这种严肃的工作持续了50年，普鲁士成了欧洲第一位的国家。普鲁士的新生有一个坚实的基础，光有爱国主义虚荣心是不够的。它有一种道德基础，建立在责任意识之上，建立在高贵地忍受不幸所带来的自豪之上。

很显然，法国如果想要模仿普鲁士，需要的时间并不多。如果法国的病是因为筋疲力尽，那就没有任何办法了。但事实并非如此，法国的资源无穷无尽，只要好好去组织就可以了。同样毋庸置疑的是，大环境对我们有所帮助。"这个世界的面貌发生了变化"，《圣经》上说。一些人将会死去，德国的内部又将出现新的困难。两个"国际"（这里借用普鲁士人的说法）的天主教派和民主党派为俾斯麦先生和他的继承者带来了无穷无尽的困难。应该想到，德国的统一完全不同于法国的统一。德累斯顿、慕尼黑和斯图加特都有议会。想象一下路易十四处在同样的情况下会怎么办。在普鲁士，俾斯麦密谋的封建团体和自由党派的对抗突然爆发，日耳曼世界强烈的和平光芒骤然消失。斯拉夫意识的要素就是德国意识。斯拉夫人的意识逐渐增强，与德国人的意识对立越来越严重，国家要掌控不听话的地区也越来越难。奥地利无休止的危机将引起最危险的事故，维也纳将成为柏林的麻烦。无论如何，这个生来就有两个领头人的帝国都会生存艰难。财富的车轮在转动，且将永远转动下去，上山之后便是下坡。所以骄傲是很不理性的事情。军事组织就像工业设备，老化得很快，而工业家很少改造自己拥有的设备。的确，购置设备花费不菲，人们想留着它，除非迫不得已，轻易不会更换。在这种情况下，竞争者几乎总是占上风，因为工厂是新建的，不用改造旧设备。没有刺刀枪的时候，法国从来没有替换过自己的老式步枪。但是刺刀枪一经投入使用，法国人就发明了新步枪。军队组织以工业机器的方式发展。腓特烈二世的军队机器有过辉煌的时刻，但到了1792年，它已完全老化无力了，而拿破仑的军队有了力量。今天，毛奇①的军队证明了它巨大的优越性。今天最好的东西明天不一定是最好的，人将改变自己的步伐。军事实力代代改

① 赫尔穆特·卡尔·贝恩哈特·冯·毛奇（1800—1891），普鲁士元帅，曾任德意志帝国总参谋长，德国著名军事家、军事理论家，1870年7月普法战争爆发后，指挥三个军团迎战法军，在色当之战中取得决定性胜利，为实现德意志统一做出重大贡献，受封伯爵并于次年晋升元帅。

变。共和国和帝国的军队接替了在罗斯
巴赫被打败的军队①。法国一旦被卷入其
中，它的资本主义财富和它喜欢待在家
里的习惯被动摇，就很难说会发生什么
了。

　　因此，可以肯定的是，如果法国愿
意进行认真的改革，它很快就能在欧洲
协奏曲中找回自己的位置。我不相信在
德国没有严谨的政客进行了如德国报纸
不断重复的那种推理："抓住阿尔萨斯
和洛林，不让法国回到重新开始的状
态。"如果只涉及领土面积和人口数
量，那么法国几乎没有遭到破坏。问题
是要知道法国是否愿意走上严肃改革的
道路，换句话说，法国是否愿意模仿耶

---

① 罗斯巴赫会战是普鲁士与法国、神圣罗马帝国联
军在1757年11月5日的战役，普军大胜。此战被誉为腓
特烈大帝最辉煌的战绩，18世纪欧洲经典战役之一。

拿会战之后普鲁士的做法。

　　这条道路可能非常崎岖，这将是一条赎罪的道路。真正的赎罪是什么意思？所有的神甫都同意这一点：赎罪不在于过艰苦的生活、守斋、苦修，而在于改正自己的缺点。而且，在所有的缺点中，最需要改正的正是我们喜爱的缺点，而这些深受我们喜爱的缺点几乎是我们与生俱来的天性，是我们行动的秘密原则。对法国来说，什么是这种深受喜爱、在采取一切行动之前必须改正的缺点？那就是对表面上的民主的偏好。民主成了我们军事和政治的弱点，造成了我们的无知、我们自负的愚蠢，它和背后的天主教理论一起造成了我们国民教育的不足。所以我认为，一个明智者，一个真正的爱国者，他更想对自己的同胞有用，而不仅仅是取悦他们。这一点大致可以用以下的文字来表达：

让我们纠正民主，重建王权，采取某种措施重建贵族，建立一个稳固的国家初级和高级教育，让我们的教育更为严厉，所有人都要服军役。我们要变得更加严肃、专心、服从统治、遵守规则和纪律，尤其要谦逊，不要自负。普鲁士用了63年来洗雪耶拿之耻，我们报色当之仇至少要用上20年。在10到15年间，完全避开国际事务，悄悄地工作，埋头内部改革。无论花什么代价，都要进行改革，别再以为我们在欧洲有优先权。放弃这种想法，不要觉得自己永远可以不受普遍秩序约束。毋庸置疑，世界的日常变化都会对此有帮助，15到20年后我们将重新找到自己的位置。

我们无法以其他方式重新找到位置。普鲁士的胜利是几近神权（历史权利）的王权的胜利。在历史上没有王权和贵族的前提下，一个国家无法以普鲁士的形式进行改革。民主既不约束人也不教化人，而人不会自己约束自己，这就像把孩子们聚集在一起，却没有老师管教，这样他们是不会成长的，只会玩耍，浪费时间。大众没有足够的理智来统治和改革一个民族。革命和教育应该来自外部，来自一股除了国家利益没有其他杂念的力量，但这力量又与国家有别，独立于它。有一些事情是民主永远不会做的，那就是战争，我指的是普鲁士开创的智慧的战争。无纪律的志愿者和自由团体的时代已经过去，单凭无知、勇敢、肤浅的杰出军官的时代也已经过去。战争从此以后成了一个科学和行政的问题，一件复杂的工作，肤浅的民主已经没有能力善终，就像建造小船的人无法建造铁甲三桅战舰一样。法式民主绝不会给学者足够的权威，让他们能弘扬理性的方针。它老觉得他们是江湖郎中，自己又无法代替他们做决定，它怎么会选择这些学者呢？而且，进行大战需要巨大的努力，民主不够坚决，无法长期保持这种努力。如果每个人，用俗话说，"拿起来又放下"，那大型公共事业永远也无法完成。不过，民主不进入恐怖就无法摆脱自己的软弱。最后，共和国应该永远质疑常胜将军这种假想。君主制在法国如此自然，以至于所有给自己的国家带来辉煌胜利的将军都能颠覆共和国制度。共和国只能在一个战败或是绝对和平的国家中存在。所有面临战争的国家，人民永远都像希伯

084

来人那样对撒母耳①大喊："我们要一个走在我们前列、与我们一起作战的国王。"

法国弄错了民族意识可以采取的方式。它的普选如同一盘散沙，原子之间没有凝聚力，也没有固定的联系。人们不会用这样的散沙来搭建房子。一个国家的意识存在于国家开明通达的群体中，这个群体带动并指导国家其他的部分。文明起初是贵族的事，小部分人（贵族和牧师）的事，如今却通过民主者所谓的力量和假象强加给人们。文明的保持也是贵族的事业，祖国、荣誉、责任都是人群中的一小部分所创造和维持的，大部分人都自我放弃，任其消

① 据《圣经》记载，撒母耳是以色列最后的一位士师，也是以色列立国后的第一位先知、祭司，伟大的军事家、政治家，是《圣经》中极少的没有记载任何罪行的人之一。

失。如果给20万奴隶选举权，让创造了民主的那一小部分贵族淹没在众人当中，雅典城会变成什么样子？同样，法国是由法律、贵族、神职人员和第三等级创造的。准确地说，平民以及农民，如今是国家绝对的主人，但他们其实是僭越者，是在他人的蜂巢中称霸的大黄蜂。一个国家的灵魂，如果没有负责保管的官方机构，是无法保存的。而王室就是最好的保管机构。因为，把国家的命运与一个家族的命运结合在一起，这样的机制会造成最有利的条件，保证国家的长治久安。罗马议会或威尼斯议会这类机构能很好地行使同样的职权。古希腊的宗教、社会、教学、体育机构也完全足以履行这一义务。经选举产生的终身王子甚至希望社会能足够强大。但人们从来没见过的，是我们民主的梦想。一个沙子做成的房子，一个没有传统机构的国家，一个没有负责延续国家意识的实体，一个建立在这一可悲原则上的国家：上一代对下一代不负责，以至于逝者与生者之间几乎没有连接，对未来也没有任何信念。回想一下，是什么扼杀了所有的工人合作社会？无法在这样的社会中建立严肃的领导，妒忌在社团中担任一定职务的人，想让他们永远服从选举他们的人，坚决不给他们一个体面的职位。法国的民主将在政治上犯下同样的错误：在否认智力劳动的价值、认为这类工作没有必要的人当中，绝不可能诞生出明智的领导。

而且，议会并不能胜任古老王朝和古老贵族的角色。共和国这个名字本身就是对某种不良民主发展的激励。1850年和1851年选举中所表现出来的澎湃激

情，让人很清楚地看到了这一点。为了
阻止这一运动，议会显得冰冷无情。但
在当时，出现了另一种趋势，相比于反
动共和派，它更倾向于自由的君主制。
共和注定要向无政府主义发起挑衅，并
且严厉地镇压它。一个议会从来就不是
一个伟人。议会所拥有的缺点如果出现
在一个君主身上，那是最致命的：目光
短浅、狂妄偏激、暴躁易怒，仅凭一时
的想法迅速地做出不负责任的决定。指
望一个由省级名流、地区要人组成的
议会继承并保持法国王室和贵族的光辉
遗产，这完全是痴心妄想。需要一个
长期的贵族中心，来保存艺术、科学、
品位，来反对民主和地方的粗俗化。
巴黎清楚地感觉到了这一点。从来没有
哪里的贵族像巴黎的贵族那样，保持着
古老的特权，把自己视为法国政府的

一部分，甚至在某些日子中成了首领和君主，要国家里的其他人服从于他们。但巴黎在要求自己作为首都的特权的同时，还声称自己是共和派，创造了全民普选，这是最不符合逻辑的事情之一，几个世纪的历史都不会忘记这一点。

布拉格的犹太教的传统文化中，有一个古老的传说，我一直觉得，那是一个发人深省的象征。16世纪的一个犹太神学家制作了一个雕像，它完全符合作为原型的神的比例，以至于活了起来，有了行动能力。犹太学家在他的舌头下面放了神不可言传的名字（四个字母组成的神秘的神名），甚至赋予石膏像理性，但那是一种晦涩的、不完美的理性，这样雕像就始终需要他的引导。神学家将雕像作为自己的仆人，让它做奴仆做的各种各样的差事。每周六，神学家从他的嘴中取走美妙的宝物，让他遵守宗教作息时间。然而，他有一次忘记了这个非常必要的预防措施。结果，人们朝圣时，在犹太区中听到了一个可怕的声音：石膏人打碎、砸烂了一切。人们赶来，抓住了他，从此以后永远拿走了他的四字神名。人们将他锁在犹太教派的谷仓里，但仍然能看到它。唉！我们以为，让不完整的生命含糊不清地说出几句理性的话，他内在的光明并不会点燃，其实我们造出了一个人。我们将其抛弃的那一天，那粗制的机器被弄坏了，怕是要好几个世纪才能修好。

　　50年前被政论家们弄出名的这个不幸的"神"权，如今要用历史权来取代它，是一个需要自告奋勇去承担的任务。君主制将一个国家的利益与一个富有而强大的家族的利益相联系，形成了对国家意识来说最稳固的体系。在这样的体系中，哪怕君主很平庸，也不会造成太大的麻烦。相反，一个民族，如果没有和某个家族缔结百年婚姻，来自那里的国民理性会虚弱、间断、不连贯，甚至不能与最底层的人的理性、不能与动物的直觉相比。因此，法国的第一步显然是重建王朝，建立一个只有一个王朝的国家，让它带领国家从危机或分裂中走出来，完成自己的统一。900年间造就了法国的王室依然存在。我们比波兰幸福，因为我们拥有我们古老的统一大旗，只是，可怕的破坏力要将大旗拔走。建立在王权之上的国家，当合法继承权出现分歧的时候，受到的伤害永远是最大的。另一方面，不可能的事永远不可能……或许，人们只能这样认为，奥尔良在2月平安退休之后（这可能是一个优秀公民的所为，但并不是一个优秀的亲王应该标榜的），虽然他的家族所拥有的王权非常有限，但是它拥有一个非凡的头衔，拥有对路易-菲利普统治的回忆以及国内明智者的尊重和爱戴。

　　同时也不应该否认，革命和接下来的几年，从很多方面来看都是这些并发危机的一部分。危机当中，所有的政治诡辩家都承认了王朝权力的建成。伴随路易十六之死而来的革命引起了混乱，波拿巴家族就在这种混乱中出现了，正如卡佩王朝出现在伴随着加洛林家族的没落而没落的无政府主义当中一样。没有1814年和1815年的事件，或许波拿巴家族会继承卡佩家族的头衔。1848年革命之后，波拿巴头衔被重新赋予价值，也给家族带来了真正的力量。如果将来有一天，上世纪末的革命应被视为一个新法国的起点，波拿巴家族就有可能成为这个新法国的王朝，因为拿破仑一世把革命从不可避免的灾难中拯救了出来，杰出地体现出国家的新需求。法国一定是君主制的，但是继承权所依据的政治理由过于深奥，难以理解。法国所需要的，是一种法律不十分死板的君主权，比如古罗马的恺撒法。波旁家族不应该顺从于国家的这种意愿，如果它总是同意扮演流产的共和国的最高行政官、总督、省长的角色，它就完全失职了。人们不能在路易十四的大衣里为自己剪裁紧身衣。相反，波拿巴家族接受了这些不明确的职位，这并没有远离它的角色，因为这些角色与它的出身并不矛盾，对这些职位的全盘接受正说明了这一点。长期以来，它一直把人民的君主视作自己的信条。

　　法国处在古希腊诡辩家普罗狄克斯所称的赫拉克勒斯的位置上。从现在起，几个月之后，法国应该决定自己的未来。它可以保留共和制，但人们不想要矛盾的东西。有些人希望建立一个强大、有影响力、光荣的共和国。让他们醒醒并做出选择吧！是的，共和国在法国是可行的，但只会是一个规模上勉强优于瑞士联邦却又没那么受重视的共和国。共和国既不能拥有武器又不能拥有外交，共和国将成为一个没有什么用处的军事国家，纪律将非常涣散。因为，正如斯托费尔先生所指出的那样，如果国家没有纪律，军队也就没有纪律。共和国的原则，是选举。一个共和国社会和一个军官为任命制的军队一样虚弱，由于担心不能再度当选而萎靡不振。萨维尼先生指出，社会需要一个来自外

部的政府，从上面来的政府，从前面来
的政府，社会权利并非全部来自社会，
要强加给国家一种政治和历史权利（如
果愿意也可以称之为神力）。如同我们
肤浅的立宪派假装相信的那样，王权完
全不是继承的。美国的总统没有建立国
家，但国王建立了国家。国王并非来自
国家，国王和国家是两回事，国王游离
于国家之外。所以，对于相信超自然的
人来说，王朝是一件神圣的事情；对于
不相信超自然的人来说，王朝是一个历
史存在。现在的国家意志，全民投票，
哪怕认真组织，都不够强烈。关键不在
于满足大部分人的特殊意愿，而在于国
家要有普遍的理性。数字上的大多数可
能会做不公正、不道德的事，会摧毁自
己的历史。所以，让多数派去统治只能
是最糟糕的错误。

总之，这一错误最大限度地削弱了国家。一个选举产生的议会不会进行改革。给法国一个年轻、严谨、坚守道德的国王，让他统治50年，让他在自己身边组建起认真工作、专心事业的团队，法国又将会拥有一个充满辉煌和繁荣的世纪。而如果建立共和国，法国就会是无纪律的、混乱的，充满义勇军和志愿者的国家，他们设法让国家相信自己会为其献身，却没有足够的牺牲精神来接受部队生活的约束。这类约束，包括服从、等级……都与民主思想提出的建议截然相反，所以，民主不能和一个强大的军事政权共存。这种军事政权也不能在民主制度下发展，或者说，如果它要发展，它就会吞噬民主。人们会以美国为例反对我，但除了这个国家的未来十分晦暗之外，我还要强调美国的地理位置。从军事角度来看，美国处在一个完全特殊的位置，这是我们不能相比的。

对于这种将害死国家的犹豫不决，我只想到一个办法，那就是权威的全民大行动。我们可以是不承认神权的保皇派，就像我们可以是不相信教皇不犯错的天主教徒，不相信耶稣的神性和超自然能力的基督教徒一样。从某种意义上来说，王朝先于和高于国家，因为是王朝建立了国家，但它又完全不能反对国家，也不能没有国家。王朝对它在历史上所代表的国家享有权利，但国家也对王朝享有权利，因为王朝只有在国家的角度才能存在。在特殊情况下，对国家的一声呼唤，可能会引起一件类似建立了卡佩王朝的国家大事，或者是瓦卢瓦王朝①登基时巴黎的教会机构采取的行动。我们旧日的君主制理论家们承认，在某些重要时刻，王朝是有其合法性的。那时，首先是将国家从无政府主义中抽离出来，冠以一个过时的王室头衔。

同样通过历史途径，也就是说巧妙地借助古旧建筑残留的墙面，扩大已有的部分，建造某些东西来代替家族的古老传统。我们要的不是没有贵族的王权，这两件东西从根本上来说基于同一原则，那是一种选择，人为地创造一个特别的种族，为社会谋利。贵族在我们国家不再有任何种族的意味，而是一种几近偶然的自行遴选的结果。其中，窃取名号、误解、隔阂、小小的欺诈，

① 瓦卢瓦王朝是1328—1589年统治法国的封建王朝，由卡佩家族的旁支瓦卢瓦伯爵查理之子腓力六世继承王位。

特别是坚持认为姓氏中的介词"de"（"德"）是贵族标志的幼稚想法，几乎和出身以及合法授爵占据一样的比重。分为两个等级的选举可以引入一个更为优秀的贵族原则。军队是另一种授爵的方式，我们未来的"后备军"，不停地训练的地方军军官，很快就会成为乡绅，而这一头衔通常都会成为世袭。地方的头目，接近50岁时，往往都把位置传给儿子，而且也会培训他，让所有人都知道他。中世纪，出于自我保护的需要，发生过同样的事情：宪兵小队长里特只有一匹马，后来却成了一个小领主。

　　所以，外省生活的基础应该是一个十分忠诚的正直的乡绅，一个完全投身于人民的道德教育的神甫。责任应该是贵族的事情，他应该有自己的特别代表。亚里士多德说，老师比奴隶有更多的责任，上层阶级比下层阶级有更多的责任。地方上的这类"上层阶级"不应该包揽一切，但它是一个必要的基础。大学，知识分子的高等文化中心；法院，道德的典范；巴黎，统治者的居住地、世界上的重要城市，将会纠正地方绅士的笨拙之举，并阻止对自己道德感过于自信的资产阶级退化成伪善者。王朝的作用之一恰好是给美好的或严肃的事情一种大众无法给予的价值，区分大众不懂的某些专属的事物。对杜尔哥来说，担任1774年的大臣比当我们今天的部长容易得多。在我们的时代，他的朴素、笨拙、缺乏口才和文采，都会让他刚迈步就不得不停下来。100年前，要担任大臣职务，他只需被韦里修道院院长、被莫雷帕伯爵夫人宠信的教士哲学家赏识就可以了。

大家几乎都同意这一点，即我们需要模仿普鲁士的军事法，把它作为总路线。一开始比较动荡，会有一些议员专门负责这件事。但在这之后，如果我们还处在共和制之中，就不再有议员来维护或者实施这一法律。每次选举，议员都不得不在这方面许下诺言，但这些诺言会使其将来的行动软弱无力。如果普鲁士执行普选，它就不会实行全民服役，也不会实行义务教育。长期以来，来自选民的压力会淡化这两者。普鲁士的政策只有对乡村贵族和村里土生土长的首领才管用，这些人永远和自己的村民保持联系，长期培养他们，一个眼色就能聚集起他们。一个没有贵族的民族，在危急时刻会变成一支狂乱的军队，很快就会被组织有序的敌人打败。

贵族如果不是等同于世袭的军官，处在
公共部门的第一线，那它又是什么呢？
当战争从地球上消失，贵族也将消失，
但不会在此之前。参军不能像当土地或
烟草管理人员那样，可以由家庭和年轻
人自由选择，那样的军队太弱，不能吸
引好士兵。民主制度下的军队挑选非常
悲哀，在这样的制度下建成的圣西尔军
校将永远弱不禁风。相反，如果通过出
身来挑选出专门为战争而培养的群体，
军队就会拥有中等水平的士兵，这些
人，如果不参军，那就会干其他事情去
了。

　　这是在做梦吗？也许。但我可以向
你们保证，法国失败了。如果德国也被
卷入民主这支让我们丢掉所有美德的狂
热的圆舞曲中，法国本来是不会失败
的。但德国不会卷入其中。这个民族很

顺从，他们的服从意义远远超出我们的想象。他们的民族自豪感因胜利而如此强烈，以至于对于这一代和下一代的德国人来说，社会问题只会占据他们活动的一小部分。一个民族和一个人一样，总是希望做自己擅长的事情。而日耳曼民族感觉到自己在军事方面是强项。只要它感觉到这一点，它就不会进行改革，也不会接受社会主义。这个民族长期以来都热衷于战争和国家主义，这让它绕开了内政，绕开了削弱等级和纪律原则的一切。王朝和军队中的贵族组织在拉丁民族中失去了，如果这是真的，就像看起来的那样，那就意味着拉丁各民族需要一次新的日耳曼人入侵，并予以忍受。

二

从这些家族传统或者狭隘思想的狂热中找到信念的人是幸福的，只有这种信念能粉碎所有的怀疑！至于我们，太习惯于观察事情的不同方面，不相信绝对的解决方案。我们同样承认，一个非常正直的公民会这样说：

政治不讨论空想的解决方案，民族的特性无法改变。只有你刚才所说的改革方案跟普鲁士的一样，我才敢说这不是法国的方案。有些改革提出，法国要公开放弃自己的民主偏见，这是空想的改革。要坚信，法国永远是一个由可爱、温柔、真诚、正直、愉快、肤浅、充满好心、不太有政治智慧的人所组成的国家。法国将保留自己平庸的行政、顽固的委员会和墨守成规的体制，坚信那是全世界最好的体制。它越来越陷入物质主义和庸俗共和主义的道路，除了普鲁士和俄罗斯，整个现代世界似乎都转而走上这条道路。这是否意味着法国永远都不会复仇？法国也许正通过这点进行复仇。因此，它的复仇有一天将跑在世界前面，走上所有贵族和美德消亡的道路。只要日耳曼人和斯拉夫人保留着他们年轻民族的幻想，我们就始终不如他们。但这些民族也有一天会老去，完全走上这条道路。这不会像社会主义以为的那样快，社会主义者总是坚信，困扰自己的问题有一天也会以同样的方式吞噬整个世界。在欧洲这个被我们称作旧世界的地方，民族和国家之间的对立问题，似乎还会在很长一段时间内比薪酬和福利问题更为严重。但法国这一榜样会传播开来。只有法国革命才能在海外产生这么巨大的影响。法国所能向骄傲的贵族（这些要对法国的失败负最大责任的人）报的最残酷的仇，就是采用民主制，并通过这一事实证明共和是可能的。或许不需要等太久我们就可以像以赛亚的死者那样对战胜我们的人说：

"你们和我们变得一样虚弱！"①

因此，让法国保留它现在的样子吧！愿法国毫不动摇地举着自由主义的大旗！100年来，它都让法国扮演着一个角色。这种自由主义往往是让人虚弱的原因之一，也是全世界走到这一步的原因。因为世界将变得软弱无力，失去了旧时的活力。无论怎样，如果法国将复仇任务交给自己的缺点，而不是沦落到

---

① 原文为拉丁语：Et tu vulneratus es sicut et nos, nostri similiseffectus es!

等待自己从来没有过的优点，那法国将更有可能为自己报仇雪恨。如果法国人为了重获自己的位置，必须先成为一个波美拉尼亚人或迪特马尔申人①，我们的敌人可能会放下心来。打败法国的是残余的道德力量、繁文缛节以及自我牺牲的精神，而后者发现自己还在世界上某个偏僻角落抵抗自私主义思想带来的不良影响。愿法国民主成功地构成一种可行的状态，在道德前所未有的溶解力的作用下，那种古老的萌芽将很快消失。

事实上，对于一些熟悉法国的政客给出的建议，即推迟讨论体制和王朝问题，法国的立场也许是很明智的。我们遵循它，不偏离这一道路，就能找到一

① 波美拉尼亚是生活在波罗的海边的西斯拉夫人部落，后逐渐被日耳曼人同化，自己的语言和文化也随之消失。迪特马尔申为德国石勒苏益格-荷尔斯泰因州西部地区，历史上曾为独立民族。

些改革的方向，无论在什么情况下，这些改革措施都值得认真思考。

三

　　法国坚称人民主权，这是错误的。不承认这一点的人，只要有一点哲学思想，至少不能否认，法国选择了一个很不完善的国家表现形式[1]。通过直接普选来任命社会权利的，是历史上最粗糙的政治机器。一个国家由两个基本因素构成：一是公民，相互独立，被视作个体单位；二是社会机关，组织，利益，财产。因此，两个议会是必要的，而

---

[1] 我很高兴，在接下来的一些观点中，我与一些正在寻找针对我们如此不完善的机构所患病症的良方的优秀思想不谋而合，例如：J.福隆-梅纳，《国家职能》，南特，1871；J.-郭代，《新模式下的普选及其实施》，波尔多。——原注

且，不论是怎么样的合法政府，没有两个议会都无法生存。如果只有一个被视作个体单位、由公民选举产生的议会，那它可能连一个法官、一个将军、一个老师、一个行政人员都管不住。这样的议会不可能很好地管理人民的财产，代表人民的利益，我们可以称之为国家道德团体的组织。因此，除了一个由各种职业、职位和社会阶层的公民选出的议会，还绝对需要一个由其他办法组成的议会，代表能力、特长和不同利益。没有这样两个议会，有组织的国家就无从谈起。

这两个议会中的第一个，要成为真正的公民代表，是否要由全体公民直接选出呢？不一定。而且，所有政界人士都会承认，1848年普选机构的突然建立是一个巨大的错误。但是，我们要做的不是重新回到这件事情上。旨在剥夺公民行使了23年的权利的所有措施，比如1851年3月31日的法令，都应受到指责。全民参加选举，但不是直接参与，而是引入不同的层次，这才是合法、可行和公正的。第一共和国的所有机构，除了永远也没能运作的1793年的那些，都会同意这一基本原理。引入的不同层次可以改变直接普选中不可避免的肤浅成分。第二层面的选民会议将产生具有竞选资格的候选人。可以承认，对于公共事务，任何公民都享有一定的领导权。但这一权利需要管理，需要明确如何行使。100来个公民选当地的一位同乡作为代表，代他们行使权利。这样，整个法国大概有8万选民。这8万选民组成省级选举团，每个地区的代表都聚集在地方首府，可以自由召集会议，为自己的省投票。在直接普选中显得如此荒谬的投票名单，那时将具有极高的存在价值，特别是在第一议会人数有限的情况下，而第一议会成员本来就应该限制在400到500人左右。在这样的机制中，选拔第二层次的选民，的确是公众投票的，但这样的投票有道德保证。选举委托的有效性应该持续15至20年。如果每次选举，都要重新选投票团，改革的优势将消失殆尽。

我承认我更喜欢一个更具有代表性的体系，女性和儿童也被算在其中。我希望第一层次选举中，已婚男人能代表自己的妻子投票（换句话说，他的一票算两票），父亲可以代表自己未成年的孩子投票。我甚至认为，母亲、妹妹应该将自己的权利赋予儿子、哥哥。女性肯定不能直接参加政治生活，但应该考虑她们的诉求。对她们来说，选择将自己的政治权利委任给谁，这太麻烦了。但有丈夫、父亲、兄弟或成年儿子的女性，她们有天生的委托人，可以把自己的权利交给他们，可以这么说，让他们在选举日拥有双重权利。这样，社会成了一个紧密相连的坚固整体，其中的一切都是相关的，需要互相负责、团结一致。第二层次的选民是地方贵族、名流和权威，几乎都是以出身决定的。这些选民可以在危急时刻以地方为单位召集起来，成为道德的捍卫者，也是上述公众的监护人，保证选举的严肃性和重要性。省级议会也以上述方式选举产生，具体细节可以根据实际情况有所调整。

第二议会的任命方式将更为多元。我们假设成员人数是360人。首先，需要30个世袭位置，保留给名望家族的后代，他们的头衔经得起历史的考验和批评。终身成员将以各种方式任命，可以由每个省的议会推举一名议员，政府首脑任命50名，第一议会任命另外30名，剩下的120到130名成员代表国家机构和社会职位。陆军和海军的军官位列其中，代表军队；法律部门、教育人士和神职人员也会在其中看到自己行业的领头人；研究院的每个阶层都任命一名成员；工业团体和商会等也是如此。最后是大城市，那里有的是道德高尚、思想纯净的人。我希望居民超过10万的城市在上议院都有一个代表，巴黎则有四到五个代表。这样，这个议会就能代表这个国家的每个个体，成为一个真正保卫所有人的权利和自由的组织。

可以期望这样产生的两个议会能为自由进步服务，而不是为革命服务。鉴于法国人性格中的某些特点，最好不要让会议公开，因为公开的会议往往会使辩论成为吹嘘卖弄。我们进行简单而真实的辩论，这比冗长、浮夸、低级的高谈阔论可取得多。当众做报告的缺点，是它会改变演讲者的目标，对准大众而非议会，让政府成为国家动荡的原因。如果法国想改革和复仇，就不要用力去对抗议会。繁荣时期采用议会政府非常适合，它可以避免太过严重的错误和走极端，这当然是最重要的。但繁荣时期没有太多的道德事务，耶拿战役之后，如果采取议会制度，普鲁士就不能完成自己的重生。40年的宁静很好地锤炼了国家的性格。

毋庸置疑，巴黎是法国唯一可能的首都，但这样的优势应该用自己的担当作为交换。巴黎不仅不能违反代表国家的职责，而且，作为中央政府的所在地，它不能把自己当作偏僻小城，不应享有普通城市的权利。巴黎既不应该有市长，也不应该有在正常情况下选出的议会，不应该有公民近卫兵。君主不应该在自己所居住的城市看到有与自己权力相当的人。巴黎公社的篡权使之成为历史的罪人，这只能说明这样做有多么可怕。

有了稳固的机构，媒体的自由可能会被抛在脑后。在一个真正建立的社会状态中，媒体的监督是非常有用的。没有媒体，滥用权力就不可避免。正直的社会要蔑视惹是生非的媒体，让它无处藏身。至于俱乐部的自由，经验告诉我们，这种自由没有任何真正的好处，不值得我们为其付出。

行政去中心化太难做到了，我们就

不坚持了。如果想谈论一种更彻底的去中心化，让法国成为一个类似美国那样的联邦制国家，就要彼此统一意见。历史上没有一个统一的中央集权的国家宣称自己分裂。这样的分离差点在去年3月发生。当法国处于比1870年战争或巴黎公社更糟糕的低潮时期，分裂就有可能发生，但它永远都不会通过合法的方式进行。一个有组织的政权只会放弃被抢走的部分。当强大的政府机构，如罗马帝国、法兰克帝国，开始变弱的时候，分裂者会向中央政权提条件，拟法律条文，强迫中央政权签署。换句话说，联邦的形成（殖民地除外），是一个帝国要崩溃的迹象。所以我们要延迟这样的事情，更何况，如果把将古建筑的石头固定在一起的铁钩松开了，很难保证这些石头是否还待在原位，不会完全松散。

大规模殖民是一个强大的政体所必需的。一个不殖民的国家不可避免会走向社会主义、走向贫富战争。高尚的种族战胜低级的种族，高尚的种族在那里居住下来，对那里进行统治，这一点没有什么奇怪的。英国在印度进行这种殖民，从整个人类的角度来看，对印度有很大的好处，对英国自身也有好处。5世纪和6世纪，日耳曼人的征服，在欧洲成了所有保守主义与合法性的基础。在我们国家，人民的领导几乎总是失去地位的贵族，他沉重的手更多是用来舞剑而非使用工具。相比于工作，他选择战斗，也就是说回到自己最初的状态。为人民建立规则①，这就是我们的使命。一些搅乱欧洲社会的冒险家造就了新的

---

① 原文为拉丁语：Regere imperio populos。

种族①，法兰克人、伦巴第人、诺曼底人等，大家各司其职。大自然造就了一个工人种族，他们有非凡灵巧的双手，但几乎没有荣誉感；大自然造就了一个在土地上劳作的种族，只要善良、人性地对待他们，一切都会按部就班；大自然还造就了一个教师和士兵的种族，就是欧洲人种。让贵族困于工作的地牢之中，他们就会反抗。在我们国家，所有的反抗者，或多或少都是一个没有履行自己使命的士兵。一个生来要当英雄的人，你让他们从事与种族相反的工作，结果，本来应该是极好的士兵，现在却成了很糟糕的工人。然而，在我们的国家里，工人反抗的生活，却会让有些人满足，因为这些人完全不是当士兵的

---

① 原文为拉丁语：ver sacrum。它也有"圣春"之意，这里指移民活动。

料。让每个人都做自己生来该做的事情，一切就都会好起来。经济学家把劳动视为财产的来源，这就错了。财产来源于占据周围的劳动成果，并保护它。诺曼底人是欧洲财富的创造者，因为，这些强盗一旦拥有土地，就会为自己和他们领地中的所有人建立一种社会秩序和保障，那是在这之前从来没有过的。

四

在刚刚结束的斗争中，法国的劣势主要在于知识层面。我们缺少的，不是勇敢，而是大脑。公共教育是一个至关重要的议题，法国智力减弱了，有待加强。我们最大的错误，在于相信人生来就有教养。德国人真的太相信教育了，成了书呆子，而我们又太不相信教育了。缺乏科学信仰是法国的一大缺陷。我们在军事上和政治上的劣势没有别的原因，我们太过怀疑思考和知识的融合会有什么结果。我们的教育系统需要进行彻底的改革。第一帝国在这方面做的事情几乎都是有害的，公共教育不能由中央直接授权，公共教育部将永远是极平庸的教育机器。

初级教育是最难组织的，我们羡慕德国在这方面的长处，但只要果实却不考虑树干和树根，这是不合理的想法。在德国，大众教育来自新教教义。路德教将宗教视为读书，之后又将基督教教条简化为不可触知的精华，让教育机构具有特别的重要性。基督教派几乎消除了所有文盲，有时宗教团体还禁止文盲加入。相反，天主教把拯救建立在圣事和超自然的信仰之上，将学校视为第二位的事。把不识字也不会书写的人逐出教会在我们看来是大逆不道的。

学校不是教堂的附属，而是劲敌。神甫不信任学校，希望学校势力越弱越好。如果学校不信教，神甫甚至还会禁止办学。然而，没有神甫的合作和真诚意愿，乡村教育永远也无法振兴。我们怎么能不期望天主教自我改革，希望它抛弃这些过时的规定！一个神甫，天主教牧师，如果能作为村中的良好家庭模范，关心学校，甚至自己就是学校的负责人，把背诵枯燥无味的祈祷书的时间花在教育农民上面，还有什么事做不成！事实上，教堂和学校同样重要，一个国家不能没有其中之一。如果教堂和学校相对立，一切都会变得很糟糕。

这里，我们涉及了其他问题的根源。法国想要坚持天主教，就要承担相应的后果。作为大众的知识与道德食粮，天主教的等级太分明了。它让神秘主义大行其道，跟无知分不清彼此。它没有产生道德作用，而对大脑的发展起到了灾难般的影响。一个耶稣教派的学生永远不会成为敢于反对普鲁士军官的军官；一个天主教小学的学生永远都不能用完善的武器进行博学的战争。不自我改革的天主教国家永远都将被新教国家打败。超自然的信仰就像毒药，如果服用的剂量太大，我们就会被毒死。新教主义在饮料中混合了一定量的超自然主义，但比例很小，因此反倒有好处。中世纪创立了两大精神生活控制机构，即教堂和大学。新教国家保留了这两样东西，但在教堂和大学里建立了自由，因此这些国家可以同时拥有稳定的教堂和官方的教育机构，在意识和教育上都有完全的自由。而我们呢，为了获得自由，不得不从教堂中脱离开来。耶稣会的教士们长期以来把我们的大学简化为一个二等角色。同样，我们的努力也很不够，没有跟任何传统和过去的机构联系起来。

和我们一样，自由党人在这里会感到非常不安，因为我们的首要原则是，当涉及意识自由时，国家就不应该参与其中。信仰和其他精致的东西一样，非常敏感，轻轻地一碰都会让它失声尖叫。人们所希望的，是天主教的自由改革，国家不要介入。但愿教堂能承认两类信仰，文字上的信仰和坚持思想的信仰。在某种理性文化的层面上，相信超能力的东西，对很多人来说都是不可能的。不要强迫这些人穿长袍。不要插手我们所教的东西、所写的东西，我们也不会和你们争夺民众。不要觊觎我们在学院和研究机构的位置，我们也不和你们争夺乡村学校。人类的思想是一个阶梯，每一层都必不可少，对这层来说是好的东西，对另一层不一定有益。同样，对于这层来说是灾难性的东西，对另一层不一定有害。我们给人民保留宗教教育，但人民也要给我们自由。没有自由的大脑是无法取得太大的发展的。道德力量不是某种特别学说的成果，而是来自种族和严肃的教育。关于德国的衰败，人们已经谈得太多，大家都把它看作是制造恼人的错误和危险阴谋的温床。它好像被诡辩、新教、物质主义、泛神论和宿命论扼杀了。的确，我不敢发誓毛奇先生没有犯过其中的一个错误，但人们将承认，这并不妨碍他成为一个好军官。让我们放弃这些没有意义的高谈阔论。思想的自由与崇高的文化为伍，永远不会削弱一个国家的实力，而是智力大发展的条件之一。强化思想的不是这样或那样的解决办法，而是讨论和自由。可以说，对有文化的人来说，没有错误的理论，因为所有的理论都是走向真理的一种努力，都是有利于思想健康的练习。如果你们想将年轻人关在某种知识闺房里，你们造就的将是狭隘的人。要培养具有科学素养的优秀大脑、严谨和有实战能力的军官，需要的是开放的教育，没有约束人的教条。知识和军事的优势从此将属于自由思考的国家，对大脑的所有练习都是有益的。而且，大学里的思想自由还有这样的优势：自由的思想家满足于在讲台上放松地与跟他观点相同的人论理，而不想向外界和外族宣讲。德国的大学在这点上为我们做出了最值得关注的示范。

　　我们的中学教育，虽然很不值得表扬，但依然是我们教育系统最好的部分。巴黎高中的优秀学生，在写作能力和撰文艺术上都优于德国的年轻人，适合当律师或记者。但他们的知识面很窄。要说服自己，科学将越来越比法国人所称的文学重要，教育应该更多地教授科学知识，教育的结果应该是让年轻人尽可能多地掌握人类对宇宙的发现。我所说的"科学"，不是指实用的、职业的科学。国家不应该负责就业问题，而应该注意自己所给予的教育不要限于空洞的诡辩，因为空洞的诡辩不能强化智力。在我们国家，只有杰出的天赋、才干、思想、天资值得尊重。在德国，这样的天赋非常罕见，也许是因为不太受到赏识；优秀的作家在德国很少见，新闻和政治辩论也没有法国精彩。但他们的脑力、教育、判断力要比我们强得多，而且他们的中等知识文化水平要比任何一个国家都高。

高等教育的改革尤为紧急。大革命时构思的特殊学校、帝国创立的虚弱的院系，根本不能代替自主而有竞争力的大学系统。这一伟大的体系中世纪时由巴黎创立，整个欧洲都保留了，却除了1200年创立这一系统的法国。关于这点，我们不是模仿任何人，而是重拾传统。应该在法国创办五到六所大学，相互独立，不依附于所处城市，独立于教会。同时，应该取消特殊学校，如巴黎高科、巴黎高师等。当我们有了一个完善的大学系统时，这些学校都没有用处，还会阻碍大学发展。的确，这些学校只会可悲地从大学生中抢走一些人。[1]
大学教授一切，准备一切，在大学里，
人类思想的各个分支都相互碰触和交
融。除了大学，还可以有，或者说应该
有职业学校。但不能有封闭的、与大学
竞争的、国家设立的学校。人们抱怨说
文学系、科学系没有勤勉的学生，这有
什么惊人的呢？这样的大学生在巴黎高
师，在巴黎高科。他们在那里接受同
样的教育，但不会体验到任何有益的活
动，也感受不到大学里的思想交流。

　　这些大学应该建立在外省的城市

---

[1] 我们不想否认，这些学校可以作为宿舍或举办
讲座的场所，但根据旧习，内部教育不会比学生
间的讲座好多少。——原注

里①，不要对巴黎的大学和独一无二的
大型机构造成损害，比如说法兰西学
院，它专属于巴黎，在我看来是唤醒法
兰西精神的最好方式。这些大学是严谨
的、正直的、爱国的大学，里面有着真
正的思想自由，伴随着扎实的学术研
究。同样，年轻人也能在里面进行健康
的思想交流。那里尊重大家，重视科学
的价值。这是一件很值得思考的事情。
要承认，我们的学校都是鲁莽的民主精
神之家，缺乏可信度，近乎轻率的大众
宣传。这与德国完全相反，那里的大学
是贵族精神的、反革命的（我们常这样
说）、几乎是封建思想的摇篮，是自由

---

① 另一种情况让这种制度几乎无法实行，因为大
学是全民义务服务机构。假如年轻人可以一边服
役一边上大学（学习法律、医学等），正如德国
所做的那样，这种军事组织才有可能。这样的组
合就需要建立地方大学城，它们同时也是真正的
军事训导的中心。——原注

思想的摇篮，但又不是冒失地热衷于传播宗教信仰。区别从何而来？来源于在德国的大学中，讨论是绝对自由的。理性主义者远远不会达到民主的地步。思考告诉我们，理性不是多种观点与愿望的简单表达，而是小部分特权人物的意识统一作用的结果。它永远不会把公共事务交由众人任性管理，这样培养出来的一代人会渴望掌握理性的优势，他们会实践、研究，很少会去闹革命。对他们来说，科学就是贵族头衔，他们永远也不会轻易地抛弃，甚至会坚决地捍卫它。有教养的年轻人会产生优越感，当他们被当作普通人时就会反抗。他们意识到自己知道平民百姓不知道的东西，所以理所当然地充满了自豪。他们不愿去解释大众肤浅的想法。这样，大学将成为贵族的苗圃。所以，法国保守党支持大家反精英文化，这是不可理喻的事，这种错误令人生气。

有见解的观点全都可以在国立大学讲授。当然，除了国家扶持的大学，大家也完全可以自由地建立别的大学。我相信这些自由的大学不会有什么成果。只要大学里有真正的自由，大学外的自由就不会有什么结果。但允许这些大学建立，我们就会有规则意识，让天真的人闭上嘴巴，他们总是相信，国家不专制，他们就会活得更好。狂热的天主教徒，比如某个叫奥扎南的人，可能更喜欢一切都很透明的国立大学的自由气氛，而不喜欢那些由自己的小宗派建立的封闭的小型大学。无论怎样，他们都有得选。有这样的制度，最反对国家垄断的天主教徒还有什么可抱怨的呢？没有人因为自己的观点而被大学拒之门外，天主教徒和所有的人一样都可以走进大学校门。另外，助教（Privatdozent）制度使得有才之人不用一直等到当了教授才能发表理论和主张。最后，自由大学可以不让任何人找到批评的借口。法国的体系则完全不同，它是要排除杰出的个体。假如，撤销或拒绝任命一个自由思想家之后，又撤销或拒绝任命一个天主教徒，我们会以为做得足够公正了。而在德国，人们让这两者面对面。这种体制不仅不为平庸服务，还能刺激人的思想，让他觉醒过来。仔细区分从事某一职业的等级和权力，就像德国人做的那样，建立不是造就医生和律师，而是让人具有医生和律师能力的大学，就能消除国家授予学位时的一些困难。在这样的体系中，国家不会为科学或文学的某些观点支付报酬。为了巨大的社会利益，为了有利于各种观点，国家打开了封闭着的大片场域和广阔的竞技场。在那里，不同的主张可以诞生，彼此斗争，争夺年轻的一代，而年轻人的思想已经成熟，可以参与这些论争。

通过大学培养一个理性主义社会的领头人，用科学来统治，并为这种科学而骄傲，不会为了无知大众的利益而损害自己的优势，视学究气为光荣（希望大家允许我用这种矛盾的形式来表达我的思想），与女性、世界上的某些人、媒体（它消耗了巨大的活力而只给他们一点表面的用处）过大的影响做斗争；为专长、科学和被德国人称为Fach（学科）的东西多付出一点，为文学、写作和说话才能少付出一点；通过一个杰出的法庭和首都来完善社会大厦坚固的屋顶，在那里，贵族思想的光芒不会排斥理性坚定而强大的文化；同时，培养人民，振兴弱势院系，借助忠于国家的优秀神甫，启发大众接受一个高级的社会，尊重科学和美德，养成自我牺牲和奉献精神。这才是理想的社会。至少，能尝试着做到这一点也是好的。

我多次说过，没有神职人员的合作，这些改革就不能很好地进行。显然，我们的理论原则只能是政教分离，否定实践不能算是理论。直到现在，法国只经历过两个极端，天主教和民主制。法国不停地在这两端之间摆来摆去，从来不会停留在中间。它曾过于鼓动人心，为了赎罪，投身于狭隘的天主教；为了反抗狭隘的天主教教义，它又投身于错误的民主。应该为这两者同时赎罪，因为错误的民主和狭隘的天主教都反对法国进行普鲁士式的改革，即反对强盛、健康的理性教育。在这种奇怪的形势下，我们既不能伴随着天主教生活，也不能没有它。教堂是一个太过重要的教育场所，我们不能失去它。如果教堂这方面也做出必要的让步，在夸大自己的教条的同时，多做有用的事而不是有害的事；如果天主教改革运动，能以亚森特神甫①如此诚实、真心、热烈渴望的形式进行；如果改革运动能带来乡村牧师的婚礼，用几乎是日常的教育来代替祈祷书，就应该热情地迎接它。但我怕天主教堂态度强硬起来，宁愿倒台也不愿意改变。在我看来，教会分立比以往任何时候都更有可能发生，或者不如说已经完成，从潜在变成了现实。

———————

① 即夏尔·鲁瓦松（1827—1912），法国神甫，布道者。

德国人和法国人的仇恨、意大利国王对罗马的占领，都给召开主教会议加入了新的爆炸性元素。如果教皇留在罗马，意大利首都，非意大利人就很难见到他们的精神领袖，于是就会顺从各自的国家。如果教皇离开罗马，意大利人就会像1378年那样，说："教皇是罗马的主教；让他回来，要不我们就再选一个罗马主教，他将来也会成为教皇。"说真的，主教议会选出的教皇不可能住在其他地方。他需要一个四周都是悬崖峭壁的岛屿，他在这个世界上没有位置。然而，罗马教廷如果不再将一小块政治中立的领土为己所用，统一就会破裂。因此，在我看来，我们很快就会有两个甚至三个教皇，这几乎是不可避免的，因为要法国人、意大利人、德国人信仰同一种宗教是很难的事情。长此以往，国籍问题会导致教皇制度的毁灭。人们经常说："宗教问题在我们今天太不重要了，会导致教会分立。"这是一个错误。异端、关于抽象教义的分歧是不会再有了[1]，因为人们几乎不再重视教义。但像阿维尼翁那样的教会分立、人员的分裂、有争议的选举以及由此而来的不确定性将让天主教各部分长期对抗，这是完全可能的，将来定会如此。一旦人员出现分裂，一旦出现两个教皇，一个在罗马，一个在意大利之外，人们不知道该选择哪个，天主教就会解体，就像在电池作用下的水。两个教皇都成为一个电极，吸引着同质元素。一个是保守天主教的教皇，另一个是进步天主教的

---

[1] 教皇无误论除外，因为这一理论在更高等级中是"可行"的，触及所有天主教组织与世俗的关系。——原注

教皇，两个都要信徒，而为了拥有信徒，就需要代表些什么。我们将看到本笃十三世①还打算将世界教堂设在佩尼斯科拉②的峭壁上。信仰的分割线甚至可能已经划定。一些现在不能进行的改革届时可以进行，天主教现今如此封闭的视野，也可能突然一下打开，让人看到意想不到的深度。

五

好好加把劲，就有可能重生。而且，我相信，如果法国在我们试着指出的道路上走上10年，世人的尊重和善意将让它忘记所有的复仇。是的，将来有

① 本笃十三世（1328—1423），这里指西班牙的月亮教皇，亚维农教廷的克莱蒙特七世死后接任教宗，被罗马天主教会视为"伪教宗"。
② 位于西班牙橙花海岸伸向地中海的海岸线上。

一天，这悲哀的战争也许会被祝福，被当作新生的起点。战争对战败者来说比对战胜者更有利，这也并非首创。如果愚蠢、疏忽、懒惰、缺乏远见没有导致这些国家的失败，很难说人类会堕落到什么程度。战争，可以说是一种进步的条件，是不让国家睡着的鞭策，强迫满足于自己的平庸的国家从麻木不仁中走出来。只有努力和斗争才能撑得住一个人。光对抗自然是不够的，因为人类最终会借助工业，将这种斗争简化为小事一桩。那时，会出现种族之间的斗争。当一个民族能自给自足，如果邻国的威胁不能唤醒它，它就会变得萎靡不振。因为人类存在的目的不是为了享乐。获得和创造是力量和年轻的结果，而享乐是衰退的结果。所以，在人类世界中，担心自己被征服，是一根必不可少的刺。人类成为罗马那样和平而没有外患的帝国之时，就是道德和智力面临最大危险的时候。

但是，这些改革能完成吗？法国会改正自己的缺点，承认自己的错误吗？问题很复杂。而且，为了解决这个问题，需要对运动有一个清晰的概念，因为它似乎将走向一个整个欧洲都不清楚的目的地。

14世纪，有两种社会经受了考验，尽管它们的未来充满了不确定性，成了一个沉重负担，但它们还是会在文明史中占据重要的地位。一种是美国社会，主要建立在自由和财产之上。没有阶级特权，没有古老制度，没有历史，没有贵族社会，没有宫廷，没有出色的权力机构，没有严谨的大学，也没有强大的科学机构，公民并未被迫要服兵役。

在这一系统中，个人很少受到国家的保护，但也不怎么受国家的约束。没有指导就被扔到人生的战场，他们尽可能自己对付，或者发财，或者变穷，但从来没有想过要埋怨政府、推翻政府、要求政府做什么，也不叫嚷着反对自由和财产。全力投入自己的工作，这种快乐对他们来说就已经足够了，彩票中不中他们也无所谓。这种社会缺少差异，缺少贵族，几乎没有艺术和科学的原创成果，但可以变得很强大，生产出了不起的东西。最大的问题是要知道，这样的社会能持续多久，有什么特别的疾病会感染它，它会怎样对待社会主义这样的社会，至今为止，它还没怎么触及这个问题。

第二种社会，我们看到它光芒四射地存在于我们这个世纪中，这就是我将称之为发展和改革后的旧制。普鲁士提供了最佳典范。在那里，个体被掌控、教育、塑造、调整、约束、不停地被一个来自过去的社会所征用，在古老的体制里塑形，冒充道德和理性大师。在这一系统中，个体要为国家做很多很多事情，作为交换，国家给了他们很高的知识和道德文化，以及参与伟大事业的快乐。这些社会特别庄重崇高，它们创造了科学，引导着人类的思想，造就历史，但日久天长，会被个人利己主义的种种要求弄得极其衰弱。利己主义觉得，国家给予个人的负担太过沉重，他们承受不起。在这些社会中，的确有很多人是要做出牺牲的，必须忍受没有希望改善的悲惨人生。大众意识的苏醒、民众的教育到达某一个程度后，这些封建大厦就会遭到破坏，面临倒塌的危险。法国曾有这样的社会，如今法国衰落了。英国却不断地远离我们刚刚所描述的这类社会，试图靠近美国模式。德国保持着这个大框架，但反抗的迹象已经可以看见。这种反抗精神其实就是社会民主，它会在什么程度上侵犯日耳曼国家？这就是一个懂得思考的人应该想的问题。我们现在还缺少一些基本的知识来准确回答这个问题。

如果旧制国家在它们古老的建筑被推翻的时候，只是过渡到美式体系，情况就很简单了。那时，可以以共和派历史的哲学为基础，根据这一哲学，美式社会是未来的社会形态，所有的国家早晚都会向它看齐，但事实并非如此。如今，多多少少纠缠着所有欧洲国家的民主党派，其最为活跃的成员完全没有将美式共和国视作理想。除了一些理论家，民主党有社会主义倾向，而社会主义在自由和财产方面，与美国人的思想截然相反。工作的自由、竞争的自由、财产使用的自由，每个人都可以凭借自己的能力致富，这正是欧洲民主不愿意看到的。这种倾向会不会导致第三种社会形态：国家将介入所有的合同、工商业关系和财产问题。大家根本不会相信，因为，到目前为止，没有一个社会主义体系显现出可行的迹象。由此产生了一种奇怪的怀疑，它在法国造成了巨大的悲剧，并扰乱了所有人的生活：一方面，似乎很难维持旧制的机构，不管是用什么方式；另一方面，在欧洲，人民根本不想采取美国的制度。一系列不稳定的独裁，低潮时期的专制，这就是目前可以看到的未来。

　　而且，法国的物质主义方针，还可

能与当前形势下出现的强烈改革动机相
抗衡。这一物质主义方针自1830年以
来持续至今。复辟时期，公众的思想还
非常活跃，贵族社会并没有一心想着享
乐和发财。1840年左右，衰败变得十
分明显。1848年则颠簸不已。如果二月
革命没有发生，物质利益运动在1853年
前后也会爆发。诚然，1870年至1871
年比1848年危机更深，但是人们可能担
心，地方性格依然会占上风，大众又会
无动于衷，一心想着赚钱和享乐。个人
利益从来就与军事勇气相背离，因为胆
怯带来的麻烦永远无法与勇敢带来的危
险相比。由于要冒着自己的生命危险，
所以要信仰某种不朽的东西。然而，这
样的信仰日渐淡去。君主领导下的外省
联盟，其存在理由是有一个合法王朝，
摧毁了这一原则之后，我们只剩下一个

信念，即一个民族的存在必须得到各方面的主动同意。最后的和平给这一原则带来了极大的伤害，最终，精神文化没有振兴起来，当年的各种事件反而使它深受打击。而作为复兴最大障碍的天主教，其影响似乎一点都没有减弱。伴随着失败和耻辱，部分行政管理人员越发自命不凡。

不能否认，普鲁士强加给我们的许多改革，不应该在我们这里遇到如此严重的困难。法国保守派的基本纲领，一直是把沉睡的大众意识与太过清醒的那部分人对立起来，我指的是人民军队。很显然，到了民主思想深入军队的那一天，这种纲领就会缺少基础。于是，保有一支军队，让它成为国家的一个特别机构，阻止初级教育发展，就成了某些党派的政治信仰条文。但法国的邻居是普鲁士，它间接地强迫法国（哪怕是保守党的法国）在这两个原则上让步。法国保守党为发生克尼格雷茨战役那天哀悼，这并没有做错。这个党派以模仿梅特涅①的奥地利为原则，即用一支特别守纪律的部队，用一群愚昧的农民，用一些以威力巨大的宗教协议武装起来的神职人员打败民主思想。这样的政权太让要与对手斗争的国家恼怒了。奥地利本身就不得不放弃。所以，普鲁塔克说得好，最有道德的人民终将战胜道德欠缺的人民，国家之间的竞争是全体进步的条件。如果普鲁士成功地躲开了社会主义民主，它可能要给一两代人的自由

① 克莱门斯·梅特涅（1773—1859），奥地利外交家，从1809年开始任奥地利帝国的外交大臣，1821年起兼任奥地利帝国首相，反对一切民族主义、自由主义和革命运动，在欧洲形成以"正统主义"和"大国均势"为核心的梅特涅体系。

和财产提供保护。毫无疑问，到了它们不能再与上升的潮流抗衡，某个强大的国家把维护欧洲社会秩序作为己任的那天，受社会主义威胁的各阶级会让他们厌恶的爱国主义者闭嘴。另一方面，在这样的事业（很像它在5世纪做过的那样）完成之后，德国人将找到十分有利的职业，社会主义将被长期排除。而几年来，富有、懦弱、懒惰的法国人却高价请外国人替他们干所有的重活脏活，而且要求高得很。从某种角度来看，只要与宪兵职责不分，政府的管理就会成为让人厌烦的工作，善良而软弱的法国人对此无能为力。我们已经看到那一天：法国人将花钱雇佣傲慢、严肃而刚强的人来做政府工作，就像当年雅典人找斯基泰人来当警察和狱卒一样。

巨大的危机也许会揭示一些不为人

知的力量。意外在人类历史中数不胜数，法国往往很乐意挫败最精明的算计。奇怪的是，它的命运从不一般，这有时挺可悲的。如果说，法国的爱国主义在上个世纪末唤醒了德国的爱国主义，我们也可以说，德国的爱国主义将在临终之际唤醒法国的爱国主义。这几年，又回过头来讨论国家问题，结果让社会问题无人问津。三个月前发生的事情，以及法国在3月18日可怕的道德昏迷中展现出来的活力，非常令人欣慰。人们经常担心，法国，甚至包括英国——它的内部和我们患的是同样的病（战斗精神减弱，以商业和工业为重），不久将沦为次要角色，欧洲世界的舞台将被两大巨人占领：日耳曼民族和斯拉夫民族，因为它们保留了军事和君主原则的权威，将来会充满斗争。但我们也可以肯定，法国将会在一个更高的层面上复仇。将来有一天，人们会承认法国是"大地上的盐"，没有法国，世界的盛宴会寡淡无味。人们会为这个古老而自由的法国感到可惜，它曾是那么无力与冒失，这我承认，但我要说，它也同样慷慨。有一天，我们会像亚里士多德的骑士们那样说：

老骑士宅心仁厚！ ①

当眼下的战胜者成功地将世界变得实用主义、自私自利、一心想着谋利、尽量不带感情，人们却将发现，对美国来说，拉法耶特侯爵②不这么想；对意

_____

① 原文为拉丁语：On gran bontà de' cavalieri antiqui!
② 拉法耶特侯爵，即吉尔伯特·德·莫蒂勒（1757—1834），第一个志愿参加美国革命的法国贵族，曾出任法国国民军总司令，立宪派的首脑。由于参加了美国独立战争和经历了法国大革命，被称为新旧两个世界的英雄。一战中，美国参战时有一个著名的口号："拉法耶特，我们来了！"

大利来说，即使在我们最悲哀的时代，我们也有慷慨的热情；对普鲁士来说，1865年，皇帝虽然糊涂，却有着远大的政治哲学观，那是多么幸运的事情。

永远不要抱有太多希望，也永远不要绝望，这应该是我们的座右铭。让我们记住，哀兵必胜，振兴我们这个可怜的国家最有效的方式，是要它悬崖勒马。我们尤其不要忘了，祖国的权利是不受时效约束的，它虽然很少听从我们的建议，但这并不意味着我们可以不再向它提建议。对外或对内移民是我们所能犯的最大错误。罗马皇帝临死前是这样总结他的人生观的：莫要远行①。他也给自己的军官们下了这样的命令：干活去②！

————————

① 原文为拉丁语：Nil expedit。
② 原文为拉丁语：Laboremus。

附

何为民族？

我希望和你们一道分析一个概念，它表面上很清晰，其实却面临最危险的误解。人类社会的形式多种多样：有中国、埃及和古巴比伦式的人类族群；有希伯来人和阿拉伯人的部落；有雅典和斯巴达式的城邦；有卡洛温王朝式的众多国家的聚合；有由宗教联结而没有国家形式的群体，如犹太人和波斯人；有像法国、英国和大部分现代欧洲国家那样的民族国家；有瑞士、美国那样的联邦国家；有根据人种建立的国家，如日耳曼民族和斯拉夫民族的不同分支。这些形式都存在着，或存在过。如果混淆了这些社会形式，就会造成很大的麻烦。在法国大革命时期，人们认为独立的小城市架构，比如斯巴达和罗马，适用我们这种三四千万人口的国家。如今，我们犯下了最严重的错误：我们混淆了种族和民族的概念，赋予人种或按语言划分的族群类似目前民族国家所拥有的君权。让我们来试着澄清这些困难的问题，推理过程中，任何词义上的混淆，最后都会带来灾难性的错误。我们将要做的事情非常棘手，几乎就是活体解剖，我们将用对待死人的方式对待活人。我们要保持冷静和最绝对的公正客观。

一

古罗马帝国灭亡之后，或更准确地说，自从查理曼帝国解体之后，在我们看来，西欧就分裂成了多个民族。在某些时期，其中的一些民族试图掌握其他民族的统治权，但从来没能长时间实现这一目标。查理五世、路易十四、拿破仑一世都没能做到，未来可能也不会有人实现。建立一个新的罗马帝国或查理曼帝国几乎是天方夜谭。欧洲已经四分五裂，任何一统欧洲的企图都会很快招来强大联盟的抗衡，让这一野心勃勃的民族回到自己的天然界线之中。欧洲建立了一种长时间的平衡。在未来的几百年中，法国、英国、德国、俄国无论有什么样的险遇，都会保持自己的历史个体性，它们将是棋盘上的棋子，不停地变换位置，占据或伟大或渺小、或重要或轻微的格子，但永远不会彼此混淆。

　　这种意义上的民族，从历史的角度来说，是一种新生事物。古代人不了解这种形式，埃及、中国、古巴比伦与这样的民族毫无关联，它们是由太阳之子或天子领导下的国家。从前没有埃及公民，也没有中国公民。古典时期有过共和国和市镇王朝，有过地方共和国联盟，也有过帝国。古典时期的国家和我们现在所理解的国家也不沾边。雅典、斯巴达、赛达①、泰尔②都是可敬的爱国主义的小中心，但这些城邦的领土相对有限。高卢、西班牙、意大利被罗马帝国吞并之前，都是部族群体，群体之间经常形成联盟，但从来没有中央机构，也没有建立王朝。亚述王朝、波斯王朝、亚历山大帝国也不是我们所谓的国家。从来没有亚述爱国主义者，波斯王

① 黎巴嫩南部省的一座城市，位于地中海沿岸。赛达是腓尼基人的主要城市之一，和泰尔齐名。
② 黎巴嫩南部行政区中的城市，古代腓尼基人的城市。泰尔意为"岩石"。

朝也只是一个面积辽阔的封建帝国。没有一个民族的起源与亚历山大的伟大历险绑在一起，虽然这一历险给世界文明史带来了如此丰硕的成果。

罗马帝国更符合我们概念中的国家。在终止战争、完成了这一巨大的善举之后，罗马帝国起初的统治非常艰难，但很快就深得人心。罗马帝国是一个巨大的联盟，代表着秩序、和平和文明。在帝国的最后日子里，在有教养的人群、开明启智的神职人员和学者文人之中，出现了一种真正的"罗马盛世"情感，与野蛮带来的混乱和威胁相抗衡。但这个比当今法国大12倍的帝国却无法建立起一个现代意义上的政府。东方和西方的分化不可避免，高卢帝国在3世纪的尝试也没能成功，日耳曼的侵略给这个世界确立了一条原则，后来成为民族性存在的基础。

日耳曼民族从5世纪的大侵略到10世纪征服诺曼人①期间究竟做了什么？他们几乎没有改变自己的种族本性，而是把众多王朝和军事贵族强加给古老西方帝国的众多国家，使其都冠上了侵略者的名字，由此产生了法国、勃艮第、伦巴第，还有后来的诺曼底。法兰克帝国迅速占据优势，一度重新实现了西方的统一。但这个帝国在4世纪中期不可避免地分裂了。《凡尔登条约》划分出了原则上不能变的区块，从那时起，法国、德国、英国、意大利、西班牙各自前行，通过往往很曲折的道路，历经千辛万

---

① 诺曼人又称维京人，指定居在法国北部（或法兰克帝国）的维京人及其后裔，它曾派军远征意大利南部、西西里以及英格兰、威尔士、苏格兰、爱尔兰，并向这些地区移民拓殖。诺曼征服（1066年）是英国历史上最著名的事件之一。

苦，成了我们现在看到的繁荣国家。

这些不同国家有什么特质？那就是这些国家的人民都是各民族的交融。大家将看到，我们刚刚列举的国家与土耳其的情况完全不同。在土耳其，土耳其人、斯拉夫人、希腊人、亚美尼亚人、阿拉伯人、叙利亚人、库尔德人之间的分隔与国家建立那天一样，仍旧泾渭分明。造成这一局面主要有两个原因。第一，日耳曼民族与希腊拉丁民族稍有接触之后，就接受了基督教。当侵略者和被侵略者信奉同一宗教，或者说，当侵略者皈依了被侵略者的宗教时，土耳其体系，即根据宗教来截然区分民众的做法就不可行了。第二，征服者忘记了自己的语言。克洛维、阿拉里克、贡德鲍、阿尔博因和罗兰的孙辈已经说起了罗曼语。这件事情本身就是另一个重要特征的结果,即法兰克人、勃艮第人、哥特人、伦巴第人、诺曼底人当中,女人非常少。这些民族的很多代首领都和日耳曼女人结婚,但后宫都是拉丁女人,孩子的奶妈也都是拉丁女人,整个部落都娶了拉丁女人。所以,虽然法兰克人和哥特人在罗马帝国的土地上扎了根,但法兰克语言和哥特语言就命不久矣。英国则是另一种情况,因为盎格鲁-撒克逊侵略军可能带有女人,而且,布列塔尼人逃走了,拉丁语不再或者说从来都没有在布列塔尼占主要地位。如果在5世纪的高卢,人们都说高卢语,克洛维和他的人马就不会因为高卢语而放弃日耳曼语了。

结果,虽然日耳曼侵略者的性情极其残暴,但几个世纪以来,他们强加给被侵略者的模式成了这些国家的范式。

法国虽然被称为法兰西，但这个国家中的法兰克人却是少数。10世纪，最早的武功歌典型地反映了当时的思想状况，所有法国的居民都是法国人。法国人之间的人种划分，在图尔的圣额我略①笔下如此明显，却没有在于格·卡佩②之后的任何作家和诗人的作品之中出现。贵族和平民之间的差别被尽可能强化，但人和人之间没有了种族区分，只有勇气、习惯、教育传统的差别。谁都没有想到，这一切都来源于一次征服。根据一个错误的制度，贵族之所以为贵族，是

①图尔的圣额我略，也译作格雷戈里和国瑞（538—594），图尔主教及高卢-罗马史学家，也是基督教圣人。为了配合当时的教育程度而选择使用通俗拉丁文写作，他最有名的传世作品为共有10卷的《法兰克民族史》，是现存研究法兰克人早期历史最重要的史料之一。

②即于格一世（约938—996），祖父为西法兰克国王罗贝尔一世，987年被贵族正式选举为法兰克国王，建立法国历史上的卡佩王朝。

因为他们为国家做出了巨大贡献，国王赐予了他们这一特权，以至于所有的贵族子弟生下来就是贵族。这一制度从13世纪起就作为一条原则被确定下来。同样的事情在诺曼人所有的征服之后都有发生。在一两代人之后，诺曼侵略者和普通民众没有了差别，他们的影响非常深远，他们给被侵略的国家带来了之前没有的贵族阶级、军事习惯和爱国主义。

遗忘，甚至可以说历史错误，是创造一个民族的关键因素之一，所以，历史研究的进步，对民族性来说往往是一种危险。事实上，历史研究重现了这些民族建立之初的残暴，哪怕这些残暴带来了好的结果。统一总是很突然的事情。法国北部和法国南部的结合是近一个世纪的战争和持续恐怖的结果。我要说，法国国王是古老理想结晶的典型，他建立起了最完美的民族统一。近处细看，他失去了威望，他自己建立起来的民族诅咒他。如今，只有有教养的人才知道他的价值以及他做了什么。

通过对比，西欧历史的这些伟大原则才变得明显。法国国王部分通过专制、部分通过司法出色完成的事业，在很多国家都失败了。在圣伊什特万王朝[①]，马扎尔人[②]和斯拉夫人像800年前一样水火不容。哈布斯堡家族远没有让它领土上的不同民族融合，而是让他们保持分离，还经常彼此对立。在波西米亚地区，捷克民族和德意志民族如同杯子里的水和油一样彼此不相容。土耳其根据宗教实行的民族分离政策造成的后

① 圣伊什特万一世（约970至975之间—1038）建立的王朝。
② 马扎尔人，指居住于匈牙利的民族。

果更为严重，它导致了东方的毁灭。选一个城市作为例子，比如萨洛尼卡或士麦拿，你可以在其中发现五六个团体，每一个团体都有自己的集体回忆，但各团体之间却没有任何共同之处。不过，一个民族的实质，在于所有个体之间都有很多共通之处，而每个人都会忘记不少事情。没有一个法国公民知道自己是勃艮第人、阿兰人、塔里法人还是西哥特人，所有法国公民应该都忘了圣巴托洛缪惨案①，忘了13世纪法国南部的大屠杀。在法国，不同民族通婚了无数次，这可能破坏了家族系谱，只有不到10个家庭可以拿出自己是法兰克人后裔的证据，即使拿得出也不完整。

---

① 圣巴托洛缪大屠杀是法国天主教暴徒对国内新教徒胡格诺派的恐怖暴行，开始于1572年8月24日，持续了几个月。

因此，现代民族是一系列走向同一个方向这一事实造成的历史结果。有时候，统一由王朝实现，比如法国；有时候，则因为各地的直接意愿而形成，比如荷兰、瑞士和比利时；有时候，统一是由普遍意志实现的，是对封建独断迟来的胜利，比如意大利和德国。总是有一种深刻的理由在主导王朝的形成。在这样的情况下，原则会以最让人意外和惊奇的方式出现。如今，我们已经看到因失败而统一的意大利，因胜利而受损的土耳其。每一次失败都让意大利前进，每一次胜利都让土耳其损失。因为意大利是一个民族，而土耳其，在中亚细亚之外，并不是一个民族。法国通过大革命而获得荣誉，宣告一个民族的诞生。我们不应该厌恶别人效仿我们，因为这些民族的原则就是我们的原则。但是，何为民族？为什么荷兰是一个民族，而汉诺威或帕尔马公国就不是一个民族？当创立法国的原则消失，法国还能继续被视作一个民族吗？为什么有三种语言、两种宗教、三四个种族的瑞士是一个民族，而同种族组成的托斯卡纳却不是一个民族？为什么奥地利是一个国家而不是一个民族？民族的原则和种族的原则有什么不同？这就是一个深思熟虑的人应该思考的，否则心中会跟自己过不去。世上的事完全不能通过类似的推理解决，但认真的人还是想找出原因，解除困惑，不让肤浅的思想混淆视线。

二

某些政治理论家认为，一个民族首先是一个王朝，代表着一次古老的征服，这一征服先是被大众所接受，然后被遗忘。根据我所说的政治，由王朝和王朝的战争、联姻、条约组织起来的省份联合，最终也会随着王朝的灭亡而灭亡。的确，大部分现代民族是由一个有着封建历史的家族所创造，它与土地捆在一起，从某种意义上来说，它是集权的核心。1789年的法国边界既不是天然界线，也没有划定的必要。卡佩家族在《凡尔登条约》签订的狭长领土中增加的巨大区域，完全属于这个家族所有。在吞并领土的时代，人们既没有自然分界线的概念，也没有民族权利的概念，更不管各省的意愿如何。英格兰、爱尔兰和苏格兰的联邦同样是一个王朝。意大利用了这么久才成为一个民族，只因为在它众多的统治家族中，在我们这个世纪之前，没有一个成为统一的中心。

奇怪的是，最终统一国家的家族，居然
是在撒丁岛这个几乎不能算是意大利领
土的不起眼的小岛上获得王权。通过英
雄壮举自主建立的荷兰，却与奥朗日家
族缔结了内部婚姻，如果这种联姻遭到
破坏，荷兰就会面对巨大的危险。

　　不过，这样的法则是否是绝对的
呢？当然不绝对。瑞士和美国是多个集
合体陆续添加而成的，没有任何王朝基
础。我不会讨论法国在这方面的问题，
要保守未来的秘密。我们只能说，这
个伟大的法兰西王国，其民族性如此之
强，以至于它衰亡之后，这个民族仍没
有消失。而且，18世纪改变了一切。衰
落了几个世纪之后，古时候的思想又回
来了，人们开始尊重自己，意识到了自
己的权利。"祖国"和"公民"这两个
词恢复了本身的意义。正因为如此，才

会出现历史上罕见的大胆行为，可以将其比作把一个人的脑子和心脏取出，却让他依然以自己原来的面目活着。

所以要承认，一个民族可以没有王朝而存在，甚至由王朝建立的民族也可以脱离王朝而存在。只考虑王室权利的古老原则已难以为继，除了王室权利，还有民族权利。这种民族权利是以怎样的选拔方式建立的呢？通过什么迹象才能认出它来？它又来自怎样的具体事实？

1.通过种族。很多人都这样信誓旦旦地说，通过封建制度、王室联姻、外交会议而进行的人为的划分都过时了。人种才是坚固不变的。这就是组成权利和合法性的基础。比如说，日耳曼家族，根据我的理论，有权找回失散的日耳曼家族成员，哪怕这些成员并不想回来。日耳曼家族对这种省份的权利比该省居

民对自己的权利还大。这就产生了一种
类似天赋王权的原发权，人们用人种原
则来代替民族原则。这是一个巨大的错
误，如果它占上风，欧洲文明就会消失
殆尽。民族原则有多正当多合法，种族
的原生权原则就有多狭隘，对真正的进
步充满了危险。

在部落和古城邦中，我们承认，人
种的重要性是第一位的。因为部落和古
城邦不过是家庭的延伸。在斯巴达，在
雅典，所有的公民之间都有或远或近的
亲属关系。贝塔–以色列人也是如此，一
些阿拉伯部落也是同样情况。现在，让
我们从雅典、斯巴达、以色列部落走到
罗马帝国。那里的情况完全不同。罗马
帝国首先是通过暴力建立起来的，其次
用利益加以维系，是由完全不同的城市
和省份组合而成的大集体，给人种观念

以沉重的打击。基督教因自己的普遍性和绝对性在统一方面效率更高。它和罗马帝国缔结了一个秘密联盟，在这两个强大的统一因素的影响下，几百年来，种族因素被排除在人类事务的管理之外。

虽然表面上并非如此，但蛮族的入侵实际上使我们在这条路上前进了一步。野蛮王国的切分根本不考虑人种问题，而是通过侵略者的力量或任性而为。从属于哪个种族，人民根本就不关心。查理大帝以自己的方式把罗马做过的事情又做了一遍：以不同种族组成统一的帝国；《凡尔登条约》的起草者态度坚决地从北到南划了两条粗线，丝毫不考虑左边和右边各是哪些种族的人。中世纪之后的边界运动也与种族倾向毫不相关。卡佩家族的政策以法兰西的名义几乎一统古高卢的领土，并不是因为这些领土上的人找到了自己的族人。多菲内、布雷斯、普罗旺斯、弗朗什-孔泰早就忘了它们同出一源。高卢意识从2世纪起就消失了。如今，人们在回顾中重新找到不同一般的高卢特征，这不过是学术上的一种说法。

因此，在现代民族的建立中，人种问题根本不予考虑。德国就是日耳曼人、斯拉夫人和凯尔特人的国家；意大利是人种观念最寸步难行的国家，高卢人、伊特鲁里亚人、皮拉斯基人①、希腊人，还有其他很多民族都在那里生活，彼此难分难解。大不列颠群岛居民总的来说是凯尔特人和日耳曼人的混血后代，各自比例多少已经很难确定。

真相在于没有纯粹的人种，将国家

———————

① 皮拉斯基人，以前居住在希腊地区的非希腊语族的土著民族。

政策依附于人种研究，就是将其依附于一种妄想。最高尚的国家，英国、法国、意大利，都是混血性最强的国家。在这一视角下，德国是否是一个特例呢？它是否是一个纯粹的日耳曼国家？这种想法完全是做梦！整个德国南部都曾是高卢人的。从易北河起整个德国东部都曾是斯拉夫人的。那么，那些人们认为纯粹的日耳曼地区是否真的非常纯粹呢？这里我们触及一个关键问题，需要我们弄清概念、避免误解。

关于人种的讨论是没有终止的，因为"人种"这个词对于语文历史学家和生理人种学家来说意义完全不同。对于人种学家而言，"人种"和生物学的"界门纲目科属种"是一个意思，它指真正的后代，由血缘联结的族人。然而，语言和历史研究与生物学分类不同。"短头型人"（brachycéphale）和"长头型人"（dolichocéphale）这类词在历史学和语文学上都不重要。在创造了雅利安语言和学科的人中，已经有短头型人和长头型人。创立了所谓的闪米特族语言和体制的人当中也有短头型人和长头型人。换句话说，生物学上的人要远远早于文化、文明和语言上的人。最早的雅利安族群、闪米特族族群、图兰族群在生理上没有同一性。这些族群只是某些时代存在过的历史事实，就说是15000到20000年前的事吧！而生物学上的人类起源不知要追溯到什么时代了。在语文学和历史学上被我们称为日耳曼种族的族群肯定是人类当中一个比较特别的种族。但这是人种学意义上的种族吗？当然不是。从历史上来说，日耳曼种族的特性直到公元前几百年才出现。可是，那个时期地球上还没有日耳曼人呢！在此之前，他们和斯拉夫人一道混居在一大群斯泰基人当中，彼此难分，没有形成自己独特的种族个性。一个英国人就是整个人类中的一个个体，而被我们非常不恰当地称为盎格鲁-撒克逊人的种族，既不是恺撒时期的布列塔尼人，不是恒基斯特时期的盎格鲁-撒克逊人，不是克努特时期的丹麦人，也不是威廉一世时期的诺曼人，而是所有这些人的综合。法国人既不是高卢人，也不是法兰克人和勃艮第人，他们是从法国国王统治下的大熔炉中走出来的，不同的种族全都在那里发酵。泽西岛或根西岛的居民与临近的诺曼人就民族根源而言没有任何差别。11世纪，观察最细致的人也发现不了英吉利海峡两岸居民最细微的差别。某些微不足道的原因没有让腓力二世-奥古斯都把这些岛屿与诺曼底剩下的领土一起拿走。700多年来，相互分隔的两个民族不仅成了异乡人，而且完全没有相像之处。人种，如同我们和历史学家认为的那样，是一个出现过又消失了的东西。人种研究对研究人类历史的学者来说至关重要，但在政治上没有应用价值。在决定欧洲版图如何划分时，本能的意识没有考虑到人种这一因素，欧洲最早的民族主要都是混血民族。

因此，起初至关重要的人种问题将慢慢地永远失去其重要性。人类历史和生物学有着本质上的区别。在人类历史中，人种不是全部，不像啮齿动物或猫科动物的划分那样简单。我们没有权利在世界上任何地方随便拍拍一个人的脑门，逼得他喘不过气来，然后对他说："你身上流着和我一样的血，你属于我们这个人种！"除了人种学上的特质，还有理性、正义、真实和美，这些，对于所有的人来说都是一样的。请注意，这种人种政策并不一定对。今天，你们利用这种政策欺负别人，将来有一天你们会发现它们会反过来对付你。德国人高举着人种大旗，他们是否确信，斯拉夫人不会来研究萨克森和卢萨蒂亚这些村庄的名字，搜寻维尔齐人和阿波里特人的痕迹，跟大批屠杀和贩卖自己祖先的奥东人算账？懂得遗忘，对大家来说都是件好事。

　　我很喜欢人种学，这是一门没什么利益的科学。但我希望自由地研究它，不想让它与政治扯上关系。人种学和其他所有科学一样，体系都在变，这是进步的必要条件。国家的范围随着科学的变化而变化。爱国主义取决于一种多少有些矛盾的论说。人们对爱国者说：

"你们弄错了，你们居然为这样的事业流血。你们以为自己是凯尔特人，不，其实你们是日耳曼人。"然后，10年之后，又有人来对你说，你是斯拉夫人。为了避免歪曲科学，请不要在这些问题上发表意见，因为这里面涉及太多的利益。请相信，如果要让科学给外交提供论据，我们一定会多次撞见它在犯阿谀奉承的轻罪。它有更要紧的事情要做：让我们只向它要求真理。

2.我们刚刚所谈论的人种，也适用于语言。语言邀请相聚，却不会强迫相聚。美国和英国都说着同样的语言，美洲的西语国家和西班牙也说着同样的语言，但他们却不属于同一个民族。相反，瑞士，由几个不同部分自愿组成，说着三四种不同的语言，却形成了一个民族。在人类当中，有种东西高于语言，那就是意志。瑞士尽管方言众多，但要求统一的意志，往往比通过伤害自尊而获得的类似性更为重要。

法国的一个可敬之处，就是从来没有试着通过强权措施来统一语言。我们不能用不同的语言去感受同样的情感和思想、喜爱同样的事物吗？刚才我们谈到依赖国际人种政策所带来的弊病，而比较语言学带来的弊病也不会少。让这些有趣的研究完全自由地开展吧，不要将其与有失公正的事物混为一谈。我们赋予语言以政治重要性，这种重要性来自我们把语言视作人种标志的观念。没有比这更为错误的了。几个世纪前的普鲁士，人们不说德语而说斯拉夫语，威尔士地区说英语，高卢和西班牙说阿尔巴隆加①的原始

---

① 意大利古代城市，在罗马东南部，现甘多尔福堡附近。约前1152年建立，约前600年为罗马所毁。

方言，埃及说阿拉伯语。这样的例子数不胜数。最早的时候，语言的相似性甚至不会带来人种的相似性。我们以古雅利安部落或古闪米特族部落为例。这些部落中有奴隶，他们和他们的主人说一样的语言，但那时的奴隶往往和自己的主人属于不同的人种。我要重申：比较语言学如此聪明地把印欧语系、闪米特语和其他语言区分开来，但这种区分与人种的区分没有关联。语言是历史的产物，不代表说话者有血缘关系。无论怎样，决定是否要跟某家族生死相连时，不能光看语言。

对语言过于重视，和过于关注人种一样，也会带来危险和弊端。当人们夸大其词，把自己封闭在一个被视为民族文化的特定文化之中，人就会自我限制、自我禁闭，就会离开可以自由呼吸的广阔的人类社会，把自己困在同胞的秘密小团体里。没有比这样更有害的了，没有比这样更有害于文明的了。不要抛弃这一基本原理：人在说某种语言之前，在成为某个人种之前，在接受某种文化之前，他首先是一个理性、道德的存在。在法兰西文化、德意志文化、意大利文化之前，首先是人类文化。看看文艺复兴时期的巨匠，他们既不是法国人，也不是意大利人，更不是德国人。他们在与古人沟通，找回了人类思想教育的真正秘密，并贡献了自己的灵与肉。他们做得何等高尚！

3.宗教也不能为现代民族的建立提供足够的基础。起初，宗教依赖于社会群体本身，而社会群体是家庭的延伸。宗教仪式是一个家庭的仪式。雅典的宗教，就是对雅典本身的崇拜，是对它神秘的创造者、对它的法令和习俗的崇拜，不涉及任何教理神学。这一宗教，从各个层面上来说都是国家宗教。不信奉雅典宗教的人不能成为雅典人。说到底，这就是对人格化的雅典卫城的崇拜。在阿格劳洛斯神庙前起誓，就是发誓为国家捐躯。这样的宗教等同于我们国家里的搏命行为，或是对国旗的崇拜。在我们的现代社会里，拒绝这种崇拜如同拒绝兵役，就是在宣称自己不是雅典人。另一方面，很显然，这样的崇拜对非雅典人来说没有意义。不过，没有任何教义强制外国人信奉雅典宗教，雅典的奴隶就不是雅典教的信徒。中世纪的一些小共和国也是如此。不对圣马可起誓的人就不是好威尼斯人，不将圣安德烈视为天堂里最杰出的圣人就不是好阿玛尔菲人。在这些小社会中，后来被视为迫害和专制的做法在当时都是合法的，不会带来什么后果，就像我们在新年第一天祝一家之主节日快乐，为他送上祝福一样。

在斯巴达和雅典正确的事情，在亚历山大征服之后诞生的王国，尤其是在罗马帝国就不再正确了。安条克四世[①]为了让东方信奉奥林匹斯神朱庇特、罗马帝国为了维护所谓的国教而进行的迫害，都是一个错误、一种罪恶、一件绝对荒唐的事。今天，情况非常清楚，不再有行为一致的大批信徒。每个人都有自己的信仰，信奉自己所能和所愿的宗教。不再有国教，我们可以是法国人、英国人、德国人，同时又是天主教徒、新教徒、以色列教徒或没有任何宗教信

---

① 安条克四世（前215—前164），叙利亚塞琉古王朝国王。

仰。宗教成了个人的事情，仅凭个人意愿。将一个民族划分成天主教部分和新教部分的时代已经一去不复返。宗教，这个52年前比利时建国时如此重要的元素，现在，它的重要性只留在每个人的内心深处，但已几乎完全不作为划定民族界线的理由。

4.利益集团当然是一种重要的人际关系，但利益足以形成一个民族吗？我不这么认为。利益集团是用来签订商业协议的。民族性当中，有感情成分，它既是身体也是灵魂，而关税同盟不是一个国家。

5.地理，也就是我们所说的自然国界，它在民族划分中当然起着重要作用。地理是历史的重要因素之一。河流让种族延伸，山脉则能把它阻挡。前者有利于民族的发展，后者限制它们的历史活动。但我们可以说，就像有些党派

所相信的那样，民族的边界仅存在于地
图上，它有权占有自己所需的地方，扩
大疆界，获得某条山脉、某条河流。可
这种权力事先是有限制的。这是我所知
道的最专横也是最糟糕的理论。如果
是这样，所有的暴力都能找到自己的理
由。而且，首先，这些山脉和河流是否
真能起到自然边界的作用？毫无疑问，
山脉分隔土地，但河流更多是将土地连
接。还有，并不是所有的山脉都能划分
国家。哪些山脉起到了分隔作用，而哪
些又没有呢？从比亚里茨到托尔尼奥，
没有哪个河口比别的河口更像边界。
如果历史需要，卢瓦河、塞纳河、马斯
河、易北河、奥得河和莱茵河都可以作
为自然分界。边界给人们的基本权利带
来了如此之多的破坏，但这是人们所愿
意的，他们声称这是出于战略上的考

虑。没有什么是绝对的，显然，在必要的时候应该做出许多让步，但是这些让步也不能太过分。换句话说，如果大家都要求满足自己的军事利益，那战争将没完没了。不，土地和人种一样，也不能创造民族。土地只能提供物质基础、战场和劳动场地。人提供灵魂。人们所谓的民族是一种神圣的东西，只有人类才能创造。任何物质都不足以创造它。民族是一种精神原则，来自复杂而深刻的历史，它是一个精神家园，而不是一个由地形地貌决定的群体。

　　我们刚才讨论了不足以创造某种精神原则的东西：人种、语言、利益、宗教、地理环境以及军事需求。还需要说些什么？前面已说了不少，我不会再占用你们太多时间。

三

　　一个民族是一个灵魂，一种精神原则。这两点合二为一，塑造了这个灵魂和这种精神原则。一个在过去，另一个在当下；一个是集体拥有的丰富回忆，另一个是现在的认同，一起生活的愿望，继续丰富个人所继承的遗产的愿望。先生们，人不是说来就来的。民族和个体一样，是过去长期努力、牺牲和奉献的结果。对祖先的崇拜是最合理的，因为他们造就了现在的我们。一段辉煌的历史，一些伟大的人，一些荣誉（我说的是真正的荣誉），这就是民族意识所依附的社会资本。在过去拥有共同的荣誉，在当下拥有共同的意愿，一起实现壮举，并愿意继续为了共同的伟大事业而奋斗，这就是成为一个民族最主要的条件。人们热爱的是为之牺牲、为之受苦的家园。斯巴达有歌唱道："现在的我们是过去的你们；现在的你们是将来的我们。"这两句简单的歌词就是一个国家国歌的精髓。

过去，荣誉和遗憾这一遗产可以分享；未来，同样的纲领有待实现。一起受过苦、享过乐，一同希望，这比共同关税和符合战略思想的边界线都更好。不管什么种族，也不管说的是什么语言，这是大家都明白的。刚才我说过，"一起受过苦"，是的，共同的苦难比共同的欢乐更有凝聚力。其实，在国民的记忆中，悲伤比胜利更有价值，因为它迫使人们产生责任感，需要大家共同努力。

因此，民族是一种强大的团结力量，它由共同的牺牲组成，并准备继续做出牺牲。它指的是过去，却在当下通过具体的事实加以归纳：一致同意，并明确表达继续共同生活的愿望。一个民族的存在（请原谅我用这个比喻）就是每天都在进行的全民表决，就像个体的存在是对生命永恒的肯定。哦！我知道，它没有神权那么形而上，也没有所谓的历史权那么粗暴。依照我提供的思路，一个民族，只有国王有权对一个省份说："你属于我，我要你。"对于我们来说，一个省，就是这个省份里的居民。一个人如果对当地事务享有权利，他就是当地居民。兼并或强占一个地区，对一个民族来说从来没有真正的好处。归根结底，民族的愿望就是其合理存在的唯一标准，应该永远回归到这一点。

我们已经把虚幻的神学和玄学从政治中剥离，在此之后，还剩什么？还剩下人，剩下人的愿望、人的需求。你们会对我说，民族分离，久而久之，会灰飞烟灭，这是制度的结果，它往往将古老的组织交由不那么明朗的意志来支配。显然，在这一问题上，任何原则都不应该走向极端。这类真理只有全都聚集在一起，采取十分笼统的方式才能成为真理。人类的意愿是会变的，但天底下有什么是不变的呢？民族不是永恒的，它们有开始的那天，也有结束的那天。欧洲的联盟或许能代替它，但在我们这个时代不可能发生。当下，民族的存在是好的，甚至是必要的。它的存在是自由的保障，如果世界上只有一种法则、一个领袖，自由将不复存在。

　　尽管能力各不相同，且经常相互对立，各民族仍在为人类文明的共同事业而努力，大家都在为人类这一伟大的协奏曲奏响自己的音符。这一协奏曲，就是我们所能达到的最理想的现实。孤独的民族有自己的弱势。我经常想，一个人的缺点在民族当中会被当作优点，从而享有虚假的荣誉，最后变得善妒、自私、喜欢争吵，动不动就拔枪，气量小得很，让人难以忍受。但是，所有这些细节上的不和谐因素都会在整体中消失。可怜的人类啊，你受了这么多苦！还有那么多考验在等着你！让智慧的思想引领你，让你避开前进道路上的无数危险！

先生们，让我总结一下。人类不是自己所属人种的奴隶，不是自己所说语言的奴隶，不是自己信奉的宗教的奴隶，不是流水也不是山川的奴隶。人类的大家庭，有着健康的思想和温暖的心灵，创造出被称为民族的道德意识。只要这样的道德意识能够证明自己的力量，个人

能为集体的利益做出让步和牺牲，这种
民族就是合理的，就有权存在。如果边
界出现纠纷，那就去问问争吵的人们，
因为他们有权对这个问题发表看法。这
会让那些不同凡响的政治家笑得合不拢
嘴。这些"绝不会犯错"的人毕生都在
自欺欺人，他们居高临下，根据自己崇
高的原则，怜悯我们的土地。"问问这
些民众！他们多么天真！这就是法兰西弱
智的想法，它声称将用孩童般简单的思
维代替外交和战争。"——先生们，等
等吧，先让这些杰出人物统治，忍受强
者的蔑视。或许，多次尝试无果之后，
我们又会回到靠经验解决问题的简单办
法上来。将来，正确的方式，是要在某
些时候懂得抵制潮流。

1882年3月11日，索邦大学

译后记

民族自豪感深入每一个法国人之骨髓。优雅、崇高、精致，倔强地坚守着自我，不愿向任何"俗气"妥协。任何民族的气质都来源于自己的历史传统，法国也不例外。然而，这一气质的传承并非理所当然、一帆风顺。和所有民族一样，法兰西民族也历经了战火和转型，面对不同道路的诱惑，迷失于看似更为简便的选择，而勒南正是这一迷失中那双清醒的眼睛。

勒南对法国人的态度是矛盾的，他如同一个家长，苦心教导着自己骄纵的孩子。他们虽然任性，却依然胜过世界上其他任何民族。爱之深、责之切，正是因为将法兰西视作天之骄子，用勒南的话来说，是"土地上的盐"，才会对"堕落"边缘的同胞痛心疾首。在勒南看来，所谓"堕落"，就是对金钱、利益、享乐趋之若鹜。与之相反的，是对道德和知识的坚守。勒南从国家体制的层面来阐述这一对比：以小农为代表的小资产阶级才会重视财富的积累、寻求民主，但只有以王室为核心、以贵族为架构的王朝统治才能保障国家意识，防止道德和知识的败坏。可见，在勒南看来，法兰西的优雅是贵族的优雅，法兰西的崇高是王室的崇高，法兰西的精致是富有道德意识和知识储备的人自然而然散发出来的精致。勒南捍卫着历史和传统，劝说满足于底层需求、沉溺于富足奢华的法国人重新追求让法国屹立于世界之巅的精神生活。

　　虽然勒南的理论只适用于法国，但这

并不意味着勒南的眼中只看到了法国。事实上，勒南将两个国家视作两条不同道路的实例。一是德国，或者说是普鲁士，一个重视军事、纪律和教育的民族；另一个是美国，一个自由民主、自负盈亏、自愿结合的联邦。勒南毫不掩饰自己对普鲁士的崇尚，一如他直截了当地否定美国的模式。当然，无论崇尚或是否定，都并非单纯地评判，而是以法国为出发点，对"适合与否"做出考量。而由几近神权的王权所统领、由骁勇善战的军队所保卫、由有纪律和道德的民众所拥护的普鲁士模式，就是法国走上道德和知识复兴之路的首选。但勒南不认为这是一种完全的"拿来主义"，因为法国曾经也有过万人之上的帝王，有过代表着国家意志和荣誉的王室，巴黎也曾是高尚贵族的代名词。因此，法国要做的不过是"回到过去"，停下堕落的脚步，唤醒旧日的记忆。

这是一条赎罪的道路。在这条道路上，最重要的就是改正自己的缺点。道德和知识的改革不仅仅局限于道德和知识的范畴，除了更为严厉的教育、更为严苛的兵役、更为严谨的规则，勒南也从政治体制的角度为改革提出建议。除了上文提到过的重建王权，勒南还用大量篇幅，以极为细致的方式，阐述了自己心中最为合理的政府管理人员组成和选拔模式。从文章的一开始，勒南就不隐瞒自己对全民普选的否定。相对代表公民的第一议会，他更倾向于间接选举，先由全民选出代表人，再由代表人选出真正的议员；至于第二议会，勒南仔细、具体、准确地规定了议员所属的职业、单位、阶层、城市，甚至对不同部门应被分配的名额都进行了详细的规划。同样细致说明的还有国家的教育组织规划，从以学校和教堂、乡村教师和牧师相辅相成的初级教育，到有待从培养高水平的写作和撰文能力扩展到培养广阔知识面和强大判断力的中学教育，再到亟待改革、旨在培养理智主义的社会领头人的高等教育，他认为，只有获得教育的人才是高尚的，"科学"就是新的贵族。

勒南对法兰西民族的热爱和殷切期望溢于言表。他对这一民族的信心，是建立在他对"民族"这一概念的认识之上的。在《何为民族？》这篇发言稿中，他说道："一个民族是一个灵魂，一种精神原则"，"民族是一种强大的团结力量"。虽然此文写于1882年，但其中的许多观点都有着十分现实的意味，特别是关于人种的讨论，在全球化进一步发展、移民问题成为世界人民关注的焦点的当下，极具参考价值。通过"没有哪个人种是纯粹的"这一事实，以及对语文学、历史学和生物人种学上的"人种"的辨析，勒南首先否定了依据所谓的"人种"将人类分为三六九等的观念。接着，他进一步阐释：
"除了人种学上的特质，还有理性、正
义、真实和美"，一个人，不管属于哪个
民族、哪种文化，说哪种语言，他首先属
于人类文明，是一个理性与智慧的存在。
另外，勒南对于"民族是什么"这一核心
问题也有精妙的回答，他认为民族是共同
的回忆，是曾经付出和未来甘愿付出努
力。只要还有人愿意为了集体的利益贡献
自己的力量，甚至做出牺牲，民族就还有
意义。民族是人类以"健康的思想和温暖
的心灵"创造出的道德意识。除了限定范
围的国境线，除了共同的身份和共同的语
言，道德和知识更是民族强大的核心。当
道德意识滑坡，民族就岌岌可危。

　　勒南的语言犀利而热烈，他是一名作
家、历史学家，更是一位爱国者。他的声
声疾呼越过历史的长河，今天仍在人们耳
边回响。不过，受历史的局限，他的不足

之处也很明显，他对民主的恐惧，对人民的蔑视，对殖民的赞扬，都是值得注意的。尤其是他在人种方面的偏见，直接或间接地给以后的各种迫害活动以理论支撑。不过，了解他的这些观点，也能让我们更好地理解20世纪及之后发生的事件，这也是我们现在重读勒南的意义。

译者

2017年8月